單一受試者研究：
在教育與臨床情境中的應用
single Subject Research：Applications in Educational and Clinical Settings

Stephen B Richards , Ronald L.Taylor
Rangasamy Ramasamy , Rhonda Y.Richards
原著

王文科 總校閱

吳勝儒、鄭翠娟、莊育芬、王志全、唐詠雯、王淑仙、
唐紀絜、謝協君等譯

濤石文化事業有限公司
WaterStone Publishers

單一受試者研究：在教育與臨床情境中的應用

Original: Single Subject Research:

By Stephen B. Richards · Ronald L. Taylor ·

Rangasamy Ramasamy · Rhonda Y. Richards

ISBN: 1565937996

Copyright ©1999 by Wadsworth, a division of Thomson Learning, Inc

Thomson Learning ™ is a trademark used herein under license.

All rights reserved.

1 2 3 4 5 6 7 8 9 0   P H W   2 0 0 9 8 7 6 5 4 3

出 版 商	新加坡商亞洲湯姆生國際出版有限公司
	新加坡 188976 郵區山源大廈密駝路 141 號#04-07
作　　者	Stephen B. Richards · Ronald L. Taylor ·
	Rangasamy Ramasamy · Rhonda Y. Richards
總 校 閱	王文科
譯　　者	吳勝儒、鄭翠娟、唐詠雯、唐紀絜、謝協君、王淑仙、莊育芬、王志全
出 版 者	濤石文化事業有限公司
	嘉義市台斗街 57-11 號 3 樓之 1
	電話: (05)271-4478　傳真:(05)271-4479
	E-mail: waterstone@giga.com.tw
	http://home.kimo.com.tw/tw_waterstone
	郵撥帳號: 31442485
	戶名: 濤石文化事業有限公司
責 任 編 輯	林思妤
封 面 設 計	白金廣告設計 梁淑媛
登 記 證	嘉市府建商登記第 08900830 號
總 經 銷	揚智文化事業股份有限公司
	台北市新生南路 3 段 88 號 5 樓之 6
	電話: 02-2366-0309
	傳真: 02-2366-0310
出 版 日 期	西元 2003 年 7 月　初版一刷
定　　價	新台幣 480 元
印　　刷	普賢王印刷有限公司

ISBN：981-243-804-1

校閱者及譯者簡介

王文科
國立彰化師範大學副校長
國立彰化師範大學特殊教育學系教授
國立臺灣師範大學教育學博士（Ph.D.）

吳勝儒
國立臺中特殊教育學校教師
國立彰化師範大學特殊教育研究所博士班研究生

鄭翠娟
國立嘉義大學輔導學系副教授
國立彰化師範大學特殊教育研究所博士班研究生

莊育芬
私立長庚大學復健科學研究所暨物理治療學系講師
國立彰化師範大學特殊教育研究所博士班研究生

王志全
國立彰化啟智學校教師
國立彰化師範大學特殊教育研究所博士候選人

唐詠雯
私立仁德醫專復健科講師
國立彰化師範大學特殊教育研究所博士班研究生

王淑仙
臺中市黎明國中教師
國立彰化師範大學特殊教育研究所博士班研究生

唐紀絜
私立大仁技術學院幼保系講師
國立彰化師範大學特殊教育研究所博士班研究生

謝協君
私立仁德醫專復健科講師
國立彰化師範大學特殊教育研究所博士班研究生

目　　　錄

Single Subject Research

第三部份　單一受試者研究之結果分析

校閱者序

在特殊教育領域，對身心障礙者進行的研究，由於在從事某些議題的探討時，不易取得係在傳統量的研究中具有統計推論的樣本數，因此，單一受試者研究便成為相當重要的研究設計之一。

單一受試者研究既然有如是的重要性，本人在本系博士班講授「研究方法論」課程時，便將單一受試者研究做為主要探究方式之一。起初有鑒於國內對單一受試者研究統計處理的了解和應用，較為缺乏，便由蔡美華博士等就讀博士班時同學共同翻譯「單一受試者設計與分析」一書，交由五南圖書公司出版；該書對統計分析敘述甚詳，惟對學理分析部分，則略感不足，乃有吳勝儒先生等博士班生倡議翻譯本書，該二書洵稱單一受試者研究的姐妹作，讀者如能熟讀該二書，深信對單一受試者研究的了解和統計處理，定能駕輕就熟。

本書能將順利出版，首先應特別感謝濤石文化事業有限公司的鼎力支持，以及吳勝儒先生等的努力和居間奔走、聯繫。本人與本書譯者有師生之誼，在本書譯稿完成之時，得以先睹為快，對於他們的努力不懈精神，深表敬佩。相信藉著本書的問世，對於想從事單一受試者研究的特教界朋友和臨床界的先進，定能有所幫助和貢獻。

王文科

2003年4月3日於彰化師大持教系

前　言

　　對於本書，我們先提供一些取向。無庸置疑地，有些人渴望獲得超過某種程度的複雜性勝過於這些強調的議題。研究文獻包含了一些實例和討論的資源，包括每個主要單一受試設計的每一個實際面、應用行為分析和資料過程的分析。我們的目的是提供給可能還不是單一受試研究專家的讀者，普遍地了解文獻之必要訊息及發展單一受試研究。所謂普遍地，就是讀者必須獲得知識，以了解設計、實行的過程和評鑑單一受試研究計劃。每一位研究者必須廣泛地回顧文獻，以獲得與她或他的研究中相關之特定的標的行為、個體、介入和環境訊息。我們確信我們提供了足夠的例子和實例，以了解有用的變化，但是實際上，對於任何適用之有潛力研究之選擇，可能尚未〝涵蓋所有的基礎〞。

　　本書主要適用於教育/臨床機構。當然包括了老師和相關的專業服務，例如語言臨床專家。我們避免任何明顯的討論使用於工業上應用，或是有藥物成癮和濫用成人之單一受試設計，雖然這些研究的例子被發表過，且和特定的讀者有關。單一受試研究的用途廣泛，及可用於許多不同的情況，然而我們的焦點是著重於有障礙的孩童、青年和成人。

　　本書的前四章彼此有密切相關，我們對於其呈現的順序有過爭議。我們決定先強調歷史的觀點和基本的概念，因為這些對於了解其他章節之許多專有名詞和根本假設是有必要的。變更行為的方法和記錄行為的方法放在第二章和第三章，當作應用行為分析的使用基礎；應用行為分析的使用是對於障礙人們之單一受試研究的基礎。第四章強調許多關於研究者或研究的讀者必須熟悉的一般考量，也將所需的背景

知識做一個總結，以完全了解其他章節所討論的設計和研究。第五章開始討論基本的A-B和撤回設計（有時說成倒返設計）之實際設計與其變化；第六章包括應用這些設計之實例和討論；第七至十二章和前面的方式相同，一章回顧設計，接著的一章為應用。所討論的設計包括多重基準線設計、替代處理設計和變更標準設計。

　　最後一章介紹資料分析之摘要過程，包括目視、量的和質的分析，一個章節並無法詳述所有的細節，特別是有關量的和質的資料分析。我們提供指引給讀者，關於有用的過程類型、可能應用的時機和各種使用的限制。

　　我們最後的目的是提供選擇給讀者，今天，照我們的經驗來看，研究者比較傾向於探討群體/量的設計，抑或是質的方法之運用。每一種方法都是有用的，並且能提供所需的資訊，以改善對於障礙者的服務和成果。我們的經驗也認為在我們領域中的許多人，對於單一受試研究設計，只有有限的知識或模糊的概念而已。這可能是研究設計和應用的教師認為這些設計太簡單或太特定，以至於不必在課堂上花太多的時間。這是很不幸的，而我們希望這些內容至少在某些方式上能減輕這個問題。這些設計相當適用於教育和臨床機構，及經常負責研究個體或小團體需求的專家之使用。

　　我們努力地使文章內容能一致地符合研究文獻所使用的專用術語，也希望讓初學者能夠清楚地瞭解，我們衷心地期望能達到這個目標。我們也希望讓你能認清不同研究選擇的可能性、你可能不熟悉的研究文獻主體；並且對於透過系統和倫理實務、尊重個體之基本價值、致力於解決真實世界問題之專家致上我們的感謝。

PART 1

單一受試者研究之指引：
議題與程序

第一章　單一受試者研究之歷史觀點與重要概念

重要概念

一、單一受試者研究之歷史觀點

1.應用
2.行為
3.分析
4.殘障者教育法案

二、基本概念和名詞定義

（一）自變項、依變項和無關變項
（二）基準線、介入和追蹤階段

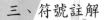

三、符號註解

四、X-Y圖或線圖

（一）依變項
（二）X軸（the X-Axis）
（三）自變項和階段改變線
（四）資料路徑
（五）圖表符號說明

鄭翠娟

一、單一受試者研究之歷史觀點
(Historical Aspects of Single Subject Research)

20世紀初，Watson提出心理學家應致力於可觀察的行為研究。他宣稱行為學家的理論目標在於行為的預測與控制（Watson, 1913），強調資料的獲得是科學的優點，不根據意識或其他心理過程來做解釋（Cooper, Heron,& Hewand, 1987）。雖然，今日應用行為分析並不忽略這些心理過程的重要性，Watson的主張概述心理過程是單一受試者研究的一小部份，Watson主張行為學家應該將焦點注視在個體的後續反應當時，環境內的刺激之間彼此的關係。（人類行為刺激－－反應典範）。1930年代，B.F Skinner曾出版〝有機體行為〞（The Behavior of Organisms），它是一本〝地標書〞，呈現出行為學派的知識和大致上的觀點。Skinner將反應（反射）行為和操作（隨意）行為區分之。Skinner堅持主張操作行為大部份是受到後續事件的影響，甚於操作過程當中的行為影響。Skinner及其同事持續十年中，引導許多實驗，將應用於行為分析的綱要原則略述出來（例如增強和處罰典範）。

Skinner早期的工作致力於動物的研究，但是後來則專注於應用行為的原則對人類教育貢獻的潛在影響。（如：〝參照桃源二記〞 Walden two和科學和人類行為Science and Human Behavior），Skinner認識到人類受看不見（認知和情感過程）的事件影響，但也強調在行為分析者的領域，這些事件的反應仍然是可以觀察。

在1950到1960年代，行為分析學家出版了一些研究報

告，檢閱有關應用行爲原則於正常發展與非典型發展個體身上時的成效。在1968年，開始發行the Journal of Applied Behavior Analysis（JABA）這本期刊發行。在那時，許多單一受試者研究曾被（且持續的）回顧與登出來。它們研究許多新的設計和存在設計內的變異。Baer、Wolf和Risley（1968）在JABA的早期議題，討論應用性的行爲分析的主要層面。

Baer等人（1968）認爲凡是以社會重要行爲作爲研究焦點者，可能是**應用的**（Applied）、**行爲的**（behavioral）、**分析的**（analytic）。以下吾人將這些精緻細膩的概念摘述出來。

所謂**應用的研究**（Applied）是以展現社會存在的問題爲主要興趣。應用性的研究，典型的是以研究刺激和行爲之間的密切關係，以及個體正在改變的行爲。社會和個體對行爲的改變有很大的興趣，並且認爲這些潛在的改變是一種有效的努力。

行爲的研究（behavioral）是指探討實用的本質。首先，它強調一個人能做些什麼比她（他）能說些什麼更爲重要。其次，要完成行爲的可靠性量化，應該要經由其他人系統化的觀察後測量之。第三，在研究期間注意被改變是重要的問題以外，尚需注意那些已經改變的行爲。因此，爲了信度，觀察內容明確的測量是必要的（將在第三章討論之）。

應用行爲研究的分析（analytic）方面，是指提供一個可信的實證，即研究者所控制的事件是足以說明問題中行爲的出現與消失。Baer等人（1968）提到兩種單一受試者設計，如倒返設計和多重基準線設計，它們是有利於評判所分析目標是否已經達成的有效方法。

　　更進一步說明，應用行為分析者尋找激勵〝有價值的〞行為。亦即，標的行為可能受到實驗外的增強，因此當實驗情境被撤回仍維持改變，此技巧描述，評判是否達成分析目標是有其必要性。如此，注意到任何應用於鼓勵行為改變的技巧以作完全的確認與描述，這是直接說明複製（Replication）的需要，一個實驗過程不只達到分析的目標，亦應該能把結果類化和證實行為改變程序的強性。在行為研究的報告應該相當的詳細，以確保讀者能將所描述的事件作合理的複製。Baer等人（1968）也強調應用行為分析家們應該應用可了解的概念系統和科技來描述他們實施的程序。例如，描述：應用直接方法教導兒童區別英文字母是好的；描述：藉用消除先前刺激和區別增強的過程是更好的；後者允許專家以更普通的常識討論程序和認識到在諸多不同的實驗方法的共同點和差異性。這些作者亦關心另一領域：包含技巧利用的有效性。Baer等人注意到如果行為改變無產生實際上的價值，這研究是失敗的。同樣地，理想的行為改變應該是能維持一段時間，在新的環境設施能類化應用，導致於能表現出有相關的新行為。在摘要中，Baer等人敘述道：

　　一個應用性行為分析，將使行為改變顯現出其重要性，它是量化的特徵，是實驗的操控，此操控得以清楚的分析，以為那些改變負起責任，對所有有助於改變的程序作科技精密的描述，這些程序的效應在達成有效的改變和這些改變的類化性（p. 97）。

　　自從Baer等人的劃時代的著作，在應用性行為分析和單一受試者研究的領域裡曾經產生許多影響。新的研究設計依據單一存在的變異量而來。此領域持續擴展，至少部份是因

為研究者和應用此種取向實務者的數量增加及維繫Baer等人所提倡的系統概念。在特殊教育領域和提供相關服務方面，顯示出研究者和實務者對單一受試者研究興趣的增加。

在1975年通過了94-142公法，全體殘障兒童教育法案（Education for All Handicapped Children Act），後來形成障礙者教育法案【Individuals with Disabilities Education Act(1991,1997)】，在教育和相關領域領先開創新紀元，在公立學校，對人的服務條款由具挑戰性（和長處等）變成相當的平常。教育焦點致力於個別學生和可測量的結果為目標。學生在學業上的進步從過去到現在一直是重要的，但是教育者和治療家亦將目標注視於幫助個人在說話和語言、行為和情緒調整、職業技能、身體生理功能、社交技能和種種其他的領域。教育介入的範疇已經擴大，需要考量用那些方法來確定介入的成效。將焦點致力於利用單一受試者研究設計，在自然情境中為特殊需要者提供個別教育服務。

本章其餘部份，將專心致力於單一受試者研究的基本概念。這些概念對於瞭解設計基礎方面和應用行為分析的方法。

Single Subject Research

二、基本概念和名詞定義
(Basic Concepts and Definitions of Terms)

　　在單一受試者研究常用的概念和詞彙與其他研究設計上是一樣的。包含自變項、依變項和無關（或混淆變項）等概念。其他有些在單一受試者究較為獨特的概念包含基準線、介入和追蹤階段；符號應用；基本X-Y軸和應用每一軸與自變項和依變項有某些的關聯；資料收集圖示；X-Y圖形註解，在其他章內有某些概念受到額外的注意（如：無關變項），特別是第四章〝在單一受試者研究的議題〞。無論如何這些討論應能提供讀者逐漸的瞭解，使讀者能立即了解後續的章節內容。

（一）自變項、依變項和無關變項
(Independent, Dependent, and Extraneous Variables)

　　在其他類型的研究，自變項和依變項是用於敘述研究的元素群之間的函數關係。自變項是屬於研究介入，應用於鼓勵在單一受試者研究中人類行為的改變。在本質上，自變項是指由研究者為了解影響依變項的變化而掌控的處理或介入。值得注意的是，只有個別參與者可改變他或她的行為。教育者或治療者可以創造許多情境（如經由事前和結果的操控）引起改變，但很清楚的是一個人無法改變另外一個人的行為，為了方便起見，無論如何，我們將注意到改變個別受試者行為時，應有這樣的理解。

依變項是用於測量變化，證實了研究所完成預期結果，或未能完成的結果。依變項是有用的，如果一個研究存有函數關係。依變項應該隨著自變項的〝有〞或〝無〞的變化而改變。它有四項主要目的，我們將依變項視同為〝標的行為〞（見後面討論）。標的行為的改變，用於確定〝處理〞或〝介入〞是否達到預期效應，例如，如果將正向增強應用於促進數學解題正確，正向增強的系統化應用，應該直接影響到依變項或標的行為（正確數學解題）。

　　我們認識到某些專家可能肯定的說〝技巧性的〞標的行為和依變項並不相同的。例如：標的行為能夠大聲說出來，依變項可能是對個別聲音的實際音量作分貝測量。再次，為了避免混淆（或者因為反覆說出這些可能的區別，會引起讀者厭煩）我們可將〝標的行為〞和〝依變項〞交替應用。

　　無關（或混淆）變項在一個研究中，可能是任何元素。他們可能是混淆或模糊了自變項與依變項之間的函數關係的可相信度（beliveability）。例如：由何人傳輸介入變項，是如何傳輸這些介入，個別受試者的情緒及身體、生理的成熟度，被關心的父母親或重要他人影響等等。

　　以上所列舉項目都可能存在，但列舉不完，無關變項將在第四章進一步予以討論。

（二）基準線、介入和追蹤階段
(Baseline, Intervention, and Follow-Up Phases)

　　在多數的單一受試者研究設計，基準線階段是第一時期。在應用性研究基準線的資料，是在自變項尚未執行前所收集的。但如此並不意謂著，基準線這階段，個體在研究情

境中不做任何事。除非明顯的傷害個體或其他人，否則維持現狀。例如，研究者開始收集正確解決數學問題的資料。包含環境和標的行為表現的紙筆成績。甚至於改變當時的情境，研究者將收集在這些情境下的標的行為資料。測量基準線至少有兩個的目的。第一，研究者應該了解依變項目前的標準行為以及將來的改變做比較。第二，基準線另提供依變項行為表現和環境重要性方面的些微訊息機會。例如，研究者可能開始收集資料時，很快就發現那些表現相當不尋常。亦即是，依變項的測量似乎是從上一測量到下一測量的波動。這應是告知研究者，在目前尚有其他未被確認的變項正在影響著行為表現。當依變項的行為表現呈現穩定狀態，則基準線階段完成（穩定狀態和決定穩定狀態的程序將在第4章和第13章界定之）。雖然研究者應用觀察，它並無特定的數值，但通常會建議個別的基準線應呈現三項測量值或某些相似的特徵。在某些例子，基準線階段基於道德處理的種種要求可能被縮短或跳過。例如，一個個體如果對他自己或其他人是具傷害性的，為了達到可接受穩定狀態而延長基準線階段（甚至為了實現基準線階段的目的）可能是危險的。在其他某些情況下，只有在自變項被導入變更之，否則依變項不可能改變。一個個體正在獲得某些新的溝通技巧時，他很不可能獲得到這些技巧，除非有某些直接介入的設計去改善這些技巧。在這些情況下，基準線階段可能被極端的縮短（如：一個充分的測量數據以證實這些技巧是普遍的，不是在研究的範圍）。經過道德處理考量所得到的（它們曾經是穩定或可接受的）數據，在介入階段應當被實行（雖然，當讀者在後來某些致力於特殊設計的章節內容時，會發現它們在程序上是有許多的變異）。

　　介入階段是指在基準線階段完成，或判斷無基準線階段時立即接著實行。我們將以單一的方式介紹介入階段，但讀者將會察覺可能有多重介入階段。研究者在介入階段做有系統的執行自變項。在完成預期結果的決定之前確認典型的、依變項的某些行為表現水準（效標）。研究者持續測量依變項以決定自變項的效應。個體的進展不應計算在內，研究者可變換自變項或甚至同時更換一個新的自變項。當緊隨前因而引發需要導入另一個基準線階段，再次建立依變項的穩定狀態。因此，再導入基準線可以避免因為介入再立即跟隨的另一項介入，而產生多重處理干擾（參閱第4章）。當在介入階段完成所預期的結果，緊接著是追蹤階段，雖然不一定每個研究均會執行之。在某些設計，可能在介入階段後再回到一個基準線階段（如撤回設計）。再次提示，讀者應當了解基準線階段緊接著介入階段是基本的概念，它是典型的而且是有用的。

　　追蹤階段是為了測量經過一段時間後，自變項對依變項的效應。這階段是在成功完成介入階段後執行的。自變項的地位可能不再有效，或者在強度上降低水準，或可能維持先前的成功水準。一般而言，追蹤階段的整個目標是將自變項去除之，特別是當它需要個體相當內在的努力，以證實撤回後，仍長期持續有效。換言之，研究者希望能證實在依變項的改變，是和自變項有永久相關的，甚至自變項消失後仍能維持。在教學或臨床實務，這將可與維持、獨立練習或標的行為的可能類化相比較。即使自變項已正式的撤回，但可能被個體週遭的工作人員維持著，環境是具相當明顯的強化作用（如：口頭獎勵）。也許這段討論最需要記得的重點是，一個追蹤階段它證明經由過去的介入效應，而增進一個研究的價值，和增進研究的社會效度與生態的效度。

📖 三、符號註解 (Notation)

　　在單一受試者研究設計，應用字母於表示一個設計的確定階段。在大多數的例子（但非全部），單一受試者研究設計第一時期是基準線階段，以字母A表示，每一後續字母（B－Z）被用來代表自變項（或介入階段）。通常字母的合併（例如BC）用於代表一個處理的合併，或自變項同時的應用在依變項或標的行為。如果在一個研究某個階段是重複的（例如參閱第5、6章的撤回設計），則用相同的字母代表該階段。例如，研究者實行基準線階段（A），接著介入階段（B），再回到一個基準線階段（A），接著再實行一個新的自變項（C），這個研究將以A-B-A-C設計為表示。參閱圖1-1這一註解的樣本描述。這研究者正在告訴其他人有關：兩個A階段均涉入在相同的情境，而B和C階段明顯的和A階段以及彼此之間區分開。A一橫線典型的插入字母之間以代表分開的階段。某些研究者當階段重複時也偏愛用數字分派（例如A1-B1-A2-B2）。有時候，一組套裝介入應用於結合一個以上的自變項（例如正增強隨著反應代價），當這情況發生，以多重字母BC表示這階段（B代表正增強，C代表反應代價）。因此，一個符號註解可能是A-BC-A-B。以這一個符號註解為例子顯示在最後一個介入階段只有應用正增強。字母的結合表示階段實際上是無限的。無論如何，研究者應察覺到當多重介入是在單一或多重階段實行時（例如BC-D-E-BE），一個自變項的效應（多重處理干擾）可能開始影響同時間的或者後續的自變項。那就是，研究者的能力去決定哪一具有影響的

自變項可能要愼重的消除之。在上述所舉正增強和反應代價結合的例子，它可能無法告知哪一項較具有效應或者他們必須以結合應用方是有效。雖然這一個案例可能幸運的達到預期結果，但研究者可能難以解釋爲何它們能夠被達成。當完成追蹤階段，它可能以大寫字母Follow-Up提示之，或某些應用註解去清楚表示不同的階段。我們不推薦用單一字母表示它，建議用單一字母來表示一個介入階段。

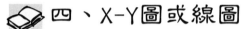

四、X-Y圖或線圖
(The X-Y or Line Graph)

X-Y圖或線圖是典型的用來描述研究結果的一種方式（但絕非是唯一的）。我們討論線圖是因爲它們廣泛的應用。如果一個研究的資料和各種不同的元素成分，需要用其他的方法來表示比較容易了解，讀者可能希望檢視其他的可能種類（例如條狀圖、柱狀圖、因果關係表）。在研究報告，我們通常會發現線圖有許多的元素。包含有依變項、描述經歷的時間或各種不同測量資料、資料路徑及間斷的路徑、自變項和它的階段改變線和圖表符號說明。

(一) 依變項 (The Dependent Variable)

　　在第3章，你將會讀到有關標的行為記錄更詳細的討論和各種不同類型的資料報告方式。例如，可以記錄標的行為發生有多頻繁、它發生多久，甚至行為的強度為何。依變項是沿著Y（或垂直）軸（參閱圖1-2）。標上記號或線條以顯示測量的單位（例如發生的數次、幾秒幾分或強度的等級），是沿著軸相等的間隔著（第13章將會討論對數資料的特例）。當依變項發生改變時，為了避免誤導或混淆讀者，應展現所標上的記號以創繪視覺圖。在記號數字之間隔應能正確展現依變項的改變。例如，某位研究者正在測量某個個體行為的比率，而該比率是以每分有多少次的反應為表現的方式（例如每分1.00次或0.50次反應）。在每兩次之間測量依變項的改變是相當的小，可能每分鐘一個反應的十分之一有改變。如果研究者選用一個標號代表每分有0.1次反應時，將這些記號的間隔拉大，然後即使是某一些小改變，亦能形成可一個相當明顯的改變視覺圖。在某些個案，根據社會與生態效度的標準，在依變項有些小改變是有顯著的意義，（例如：自虐行為的改變），這樣的實例過程是有品質保證的。無論如何，在多數例子Y軸應可以如此的一個方式來評分，那就是當圖示出來是小的，它就是小改變，而大改變就顯出意義來。研究者以最佳方式去決定如何經由Y軸描述資料，並且要謹慎小心不要為讀者造出一連串的錯誤圖示。

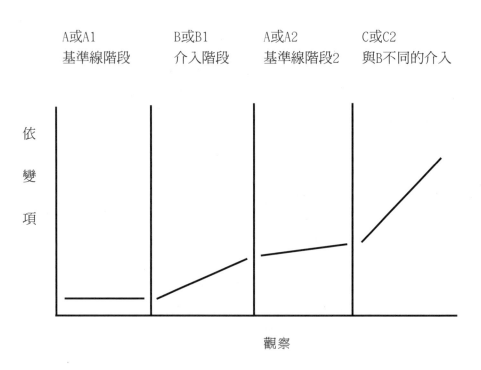

圖1-1 單一受試研究註解系統例子

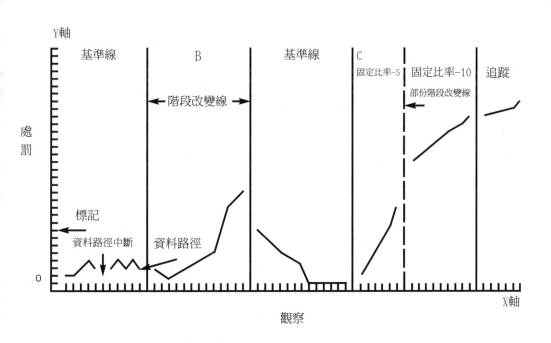

圖1-2 單一受試研究之X-Y圖例子

（二）X軸（The X-Axis）

　　X軸是應用來展現依變項的各種不同測量。通常，X軸描述時間的過程，應當配合Y軸，如研究者的標記號碼或合宜評分的線條。每一標記代表對依變項的觀察與測量（參閱圖1-2）。一個標記可能表示每5分鐘、每一小時、一個早上、一整天或更長的時間（通常不祇一天而已）的觀察。觀察期限的長度可從標記與標記之間的事實呈現變化（參考第三章，不同觀察期間的解釋），但觀察結果，總是以相類似的詞彙（如行為頻率、持續時間、比率或強度）沿著Y軸決定依變項的圖示。沿著標記提供有關依變項如何依照觀察值的增加而改變的視覺圖，以及更重要的是一個研究與基準線的改變介入和追蹤階段的聯結。

（三）自變項和階段改變線（The Independent Variable and Phase Change Lines）

　　當這些不同的階段實行以後，畫出平行Y軸與垂直X軸的鉛直實線，將之應用於描繪每一階段改變（參閱圖1-2）。每一階段所代表的意義將寫在圖的頂端，並使用先前已討論的字母、符號註解或文字描述階段的意義（例如基準線1、正增強、基準線2、反應代價或A1-B-A2-C）。偶而，一個點或虛線可能畫出來與階段改變線相似，以描述某一階段內的改變，但不完全是在自變項內的改變（參閱圖1-2）。例如正增強以五個正確反應給予一個增強的比率傳輸給某一位學生（稱為固定比率時制，將在第二章討論）。研究者將這固定比

率轉換爲每十個正確反應給予一個增強的比率。這樣的一種改變並不是完全應用正增強（自變項）而產生的改變，但可呈現出值得注意的改變給讀者。以合宜的標題配上虛線（例如固定比率-5，固定比率-10）將有助於解釋，爲何會發生「改變」。

（四）資料路徑（Data Paths）

資料路徑是許多沿著X-Y軸線條連接每一資料點的繪圖面。將個別資料點繪成圖。例如研究者完成依變項的第一次觀察，研究者從X軸標號留下垂直軌跡以顯示第一階段的觀察值；再從Y軸標號留下水平軌跡與第一階段觀察所獲得資料相對應。在兩個軌跡交會處將繪成圖面。這樣的過程將會重複在爲每一觀察區間的資料收集（記得，所謂區間可能是時間長度有很大的變化，以及包含許多經由個別觀察的摘要和整個期間的彙整）。當把它們繪成圖面，這些點通常用一條實線聯結起來。這條實線並不代表跨越階段改變線。而且，在Y軸上依變項的零點水準可能被做註記在與X軸交會區的正上方，以避免X軸以零點水準反應發生。由於無法預期的環境因素（如：個體生病而無法被觀察）資料的收集會被干擾，資料路徑也因此被干擾，它將會顯示資料收集發生間斷（參看圖1-2）。研究者應該修正X軸以反映這些資料收集的間斷，並提供給讀者一個特別的符號註解，可能包含沿著X軸或資料路徑的間斷。一般而言，如果個別參與者是一個學生，週末將無資料可收集，這種在資料路徑中，視爲週末自然的間斷不需要去處理之。包含這些間斷並不是錯的，當

這些報告資料是從學校環境得來的，我們僅希望指出曾被刪除的間斷是屬於那一型。

　　有許多情況在同一線圖上超過一個資料路徑圖（例如同一研究有2個以上個體的行為表現；同一個體在許多不同情境下的行為表現）。在此一案例，不同路徑代表不同依變項（如一條實線代表一項，一條點線代表另一項）。通常真實資料點形成每一路徑，可能繪畫成不同形狀（例如實線圖、四方形、三角形）。可能在這過程加上顏色編碼為輔助。主要關鍵是應用方面，它有足夠的大面積和清晰一個圖，讓讀者能很容易辨識，每一條路徑及每一依變項的不同表現（參閱第9、10章可替代處理設計）。並且在本書內容，我們也呈現X-Y圖的變異情形。

（五）圖表符號說明（The Legend）

　　當線圖越複雜時（例如多重資料路徑，利用多項自變項描繪），註解就越重要。如果一個圖無法閱讀，如果一個研究者將太多資料涵蓋進去，這圖將會令人感到非常的雜亂和困惑。

　　註解可讓研究者縮短並應用英文字母註解代替整段用於解釋的文字。

　　在本章我們已經提供單一受試者研究簡短的歷史觀點，應用行為分析和基本觀念的討論。本章特別是基本概念部分，分設幾個時期作為後續的討論。本章並無討論任何特殊設計，直到第五章我們將討論之。接下來兩章將提供給讀者有關應用行為分析更詳細的背景資料，並在第四章為提供所有單一受試者研究設計之完整原則檢視和程序。

```
┌─────────────────────────────┐
│  摘要檢核表                   │
│ (Summary Checklist)          │
└─────────────────────────────┘
```

應用行為分析：應用的（Applied）──
係指社會問題研究的興趣。

行為的（Behavioral）──
係指研究的實用本質；強調個人能做什麼的甚於他能說些什麼。

分析的（Analytic）──
係指一個可相信的實證，它是研究所控制的事件，解釋問題行為的出現與消失。

障礙者教育法案（Individuals With Disabilities Education Act）──
簽署於1975，聯邦政府法案最近修訂版（1997），主張提供一個自由、合宜的教育給所有障礙兒童。

自變項（Independent variable）──
介入或處理的應用，以鼓勵（或維持）行為的改變；自變項與依變項應有一種函數性關係。

依變項（Dependent variable）──
經過測量的標的行為以確定依變項的效果；在標的行為的改變應依據自變項的改變而形成（函數關係）。

無關變項（或混淆變項）（Extraneous variable）——
在任何研究中足以混淆或模糊函數關係的元素均屬之。

基準線階段（Baseline phase）——
一般而言，是一個研究的第一階段在尚未實行介入處理
前（自變項），首先出現被測量的標的行為表現。

介入階段（Intervention phase）——
當應用介入後蒐集標的行為（依變項）的資料去確定效
應的階段。

追蹤階段（Follow-up phase）——
典型的（代表的），是指一個研究最後階段。雖然自變
項在成功介入後已撤出了，研究者仍持續去測量標的行
為表現。

符號註解（Notations）——
應用字母系統以確認設計應用的類型，A代表基準線階
段；B及所有後續字母代表介入階段，每一字母（如B，
C）代表不同的處理；結合字母（如BC）代表套裝介入或
結合介入；附加數字（如A1，B1）以代表一個第一基準
線階段或一個第一介入階段，當它們仍有後續的基準線
或介入階段（如A2，B2）。

X－Y線圖（x-y line graph）——
是典型的線圖，應用圖示描述有關單一受試者研究量的
資料收集，資料沿著X－Y－軸在合宜交會區域，將資料
用圖顯示。

在X－Y圖的依變項（Dependent variable on x-y graph）──
沿著Y軸將標的行為表現圖示出來；Y軸必須劃上刻度（用標上記號以代表測量單位），以至於可以適當的描述依變項的改變。

X軸（x-axis）──
X軸用於描述跨時間的觀察（應用標記以表示沿著Y軸的觀察圖）。

自變項和階段改變線（Independent variable and phase change lines）──
在自變項的執行和改變，用平行Y軸的直線描繪出來；間斷的垂直虛線顯現自變項的改變，但並不是整個階段完全的改變（例如從某一固定比率到某一變動比率增強時制）。

資料路徑（Data path）──
畫在圖上的每一資料點，將它們用一條線連結起來；資料路徑線並不是代表跨階段改變線；資料路徑的間斷顯示依變項的觀察與測量，受到某一個干擾；有時需要多重資料路徑（例如替代處理設計）。

圖表符號說明（Legend）──
X-Y圖的引導說明，使研究者能在圖上使用縮寫和澄清說明（例如在圖上的FR-5註解可以更進一步解釋為一個固定比率-5增強反應時制）。

參考文獻（Reference）

Baer, D. M., Wolf, M.W., & Risley, T. R.（1968）. Some current dimension of applied behavior analysis. Journal of Applied Behavior Analysis, 1, 91-97.

Cooper, J. O., Heron, T. E., & Heward, W. L.（1987）. Applied behavior analysis. Columbus, OH：Merrill.

Watson, J. B.（1973）. Psychology as the behaviorist views it. Psychological Review, 20, 158-177.

第二章　改變標的行為之方法

重要概念

一、增加或維持行為的方法

(一)正增強

(二)賄絡

(三)負增強

(四)Premack原則（老祖母原則）

(五)塑造

(六)增強物清單

(七)飽足

(八)原級、次級和類化增強物

(九)增強物的品質

(十)增強時制

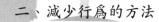

二、減少行為的方法

(一)正向懲罰

(二)負向懲罰

(三)消弱

(四)區別增強

(五)其他行為區別增強

(六)對立行為區別加強

(七)低頻行為區加強

(八)減少行為的其他方法

吳勝儒
等八人

　　如前面所說的，大略可將自變項視為研究中所使用的介入，更明確而言，是指因企圖改變或維持依變項或標的行為，而由實務工作者或研究者所操縱的變項。在應用行為分析中，自變項常使用各種不同的介入。這些方法包括增加或維持行為以及減少或消除行為，所討論的這些方法並沒有成熟到可以排除其他的方法，也就是，介入可能單獨或混合運用，或與未在本章內所討論的獨立變項混合使用。事實上，當實務工作者希望減少不適當的標的行為，就倫理上來說，鼓勵增加適當的行為是很重要的。目前，許多障礙者的擁護者（特別是那些重度障礙者）強調若沒有排除所有的處理選擇，並不鼓勵運用那些懲罰以減少標的行為的方法。當然，使用更嫌惡的技術（如電擊、聞惡臭味或吃惡臭東西）以減少不適當行為的方法時，必須有數種理由，詳細加以檢驗，這些包括擁護團體的努力，由專家和人類學官員的檢查，以及拒絕使用引起痛苦或其他潛在不舒服或異常的程序（參考第四章關於單一受試研究者的倫理問題）。再者，在本文中會討論到所需要的有用介入的選擇，因此，將會呈現懲罰的技術。在任何介入的使用時必須要透過倫理考量，以證明行為的正當化及徵求當事人的同意。

　　如同前面所說，我們將用**介入**（intervention）一詞作為**自變項**（independent variable）的同義詞，以及**行為**（behavior）或**反應**（response）作為**依變項**（dependent variable）同義詞，也就是說，這些是應用行為分析中一般的相關用語，而且自變項和依變項的觀念包含非常廣泛的實際運用（例如，**醫學/其他醫學**的介入與反應的行為評量量表或訪談問卷上），亦即是一種很普遍的看法，係指透過介入可以改變一個人的行為。然而，值得注意的是，只有個體

參與者能確實地改變他或她的行為。單一受試者研究的目標之一是證明介入和行為改變（自變項和依變項）之間的函數關係，但很清楚地，一個人並不能改變另一個人的行為。研究者或實務工作者可以創造情境（例如透過前因和後果的操作）以促進改變。

一、增加或維持行為的方法
(Methods to Increase or Maintain Behavior)

第一個需要討論的基本原則是操作制約，操作性行為的基本典範包括在行為之前所發生的前因（或前事），其可能會潛在影響標的行為的出現，接著是行為本身，然後是行為後果，後果可能會影響往後行為的出現（前因的情況請參考圖2-1）。

前因與行為、行為與後果，和後果與前因經常配對，以鼓勵改變或維持標的行為。這能使實務工作者或研究者預測自變項對標的行為的影響。一般而言，專家建議後果（不論增強或懲罰的後果）應在標的行為增加後馬上給予。

當談到使用介入以增加或維持行為時，我們常用到正和負增強（positive and negative reinforcement）。增強係指行為的後果，能在未來相同或類似的前因刺激出現時，會增加（或維持）行為再出現的機率。對增強的瞭解有幾個關鍵的地方：

　　1.增強不應該被解釋為「好」的意思，它是一種現象，一種呈現而非一種品質，它是對可能的期望（例如：

用餐巾擦嘴巴或正確的發出「th」的音），以及非期
望的反應（如摔地板或結巴的說話），所做出的完整
反應而加以增強。

2.會影響未來行為出現機率是很重要的觀念。

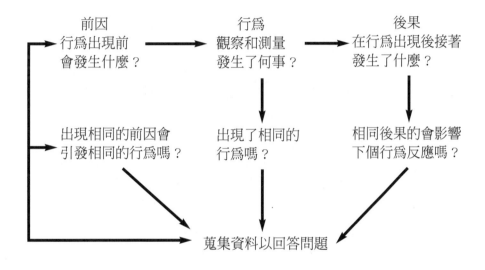

圖 2-1 操作制約的典範

現在已有的行為即表示其增強作用已發生（亦即，行為
的後果已經發生）。對於那些已經發生的特別反應（在我們
最近的概念中，至少連續性的時間及空間屬之）是無法改變
的。是否發生真正的增強作用，是決定現有的行為在未來能
否改變（例如：更常發生或強度增加）。因此有必要去收集資
料，以證明增強作用確實已發生。

3. 雖然系統性增強是我們所期望的,但實際上卻非如此。當然,本章的目的是提供系統性增強的實例。然而實際上增強作用可能是意外發生的(例如:孩子的攻擊行為可能是受到他人注意的增強後果所致)。

4. 個體的增強作用決定於行為的後果能否真正地增強行為。換言之,實務工作者或研究者需要確定,以好品質的行為後果來增強行為,因為增強作用的發生決定了個體現在的行為可在未來改變。每個個體都有其獨特的增強物清單,這些增強物對個體的增強效果有著不同程度影響,研究者要確信增強物的品質對個體的成效為何。最後,行為的前因及其增強(後果)並非總是可觀察的,因為人類為生存在複雜世界的複雜有機體,有非常多的外在(環境)及內在(個體)變項會影響個體的行為。因此,不是很容易地能去確認何種已發生的特定行為是受到何種前因及後果的影響。例如:研究者為了消除個體的攻擊行為而和個體在一起進行研究工作。在研究情境中,研究者能很成功的確定影響攻擊行為的前因及後果,但是個體的標的行為仍有很大一部分沒有改變。因為個體已發展出可以去攻擊別人的想法,他認為別人對他沒輒。個體有一位哥哥,對個體而言,哥哥在其心中是具有崇高地位的模仿對象,而這位哥哥最近因攻擊傷害的案件,正在〝跑路〞中。如此的模仿會影響個體對攻擊的看法。上述每個影響事件對個體攻擊行為的發生都有影響,而且研究者可能無法去確認。無論如何,在單一受試者研究中,我們會將焦點放在對不同層面的觀察及測量,並確定其間的關係。

（一）正增強 (Positive Reinforcement)

應用行為分析中最常被誤解的觀念之一為：正增強即表示有好事要發生。事實上，在應用行為分析中〝正(positive)〞係指所接受的行為後果之型態，而不是指其內容（品質）。表2-1說明了行為後果的類型和不同類型的增強及處罰之間的關係。在表中，當正增強發生時，所接受的行為後果，包括在環境中加入某些東西，例如可能是讚美、給代幣或允許學生從事某項喜歡的活動。每個例子的目標都是希望在相同或類似的情境中，能增加發生標的行為的可能性。在教室或治療的情境中去注意那些不適當的談話，可能會增加在未來相同的教室或治療的情境中不適當談話的機會。想要得到所欲的行為不一定要給〝正向、好的〞事物，但一定要做到正向的增強作用。決定正增強發生的重點是在於評估行為是否增加或增強。同樣的概念，亦可用在決定負增強的效果上。

（二）賄賂 (Bribery)

將**賄賂**（bribery）和正增強視為同義是不適當的，因此對兩者的分辨是很重要的。如前所述，當操作制約發生時，需要有前因、行為及後果。在操作制約中，行為的後果對於鼓勵個體朝向其生活中所欲的方向改變是很重要的。而賄賂是指為了所欲的行為在前因時即給予〝酬賞（reward）〞。這是一個相當重要的差別之處。賄賂，是在行為發生之前的前因時期，給予想要增強行為的刺激，以期望所欲的行為能發生。增強，是在所欲行為發生之後，隨附性的給予增強。

	前因	行為	後果
正增強	沒有明確的要求	在未來相同或類似的前因情境中能增加或強化此行為	在個體的世界中引進或加入某些事物
負增強	必須有個體討厭的事物	在未來相同或類似的前因情境中能增加或強化此行為	將前因由個體的世界中移除
正處罰	沒有明確的要求	在未來相同或類似的前因情境中能減少或削弱此行為	在個體的世界中引進或加入某些事物
負處罰	有個體喜歡的刺激（事物）	在未來相同或類似的前因情境中能減少或削弱此行為	將前因在的刺激由個體的世界中拿走

表2-1 增強及處罰的特徵

下面將舉一例子說明：當老師要學生完成功課時，他或她正在玩某一遊戲時。學生說「我要玩不要做功課。」老師明確說：「好的，但是當你遊戲完畢時，你必須完成功課。」此時形成賄賂。老師握有遊戲機會，讓它成為完成令人滿意的功課之後續的後果。如此才可能導致正向增強。在前面的執行步驟，老師傳遞了扮演增強物的刺激，為形成期望行為表現的前導因素，希望學生後來能完成這項工作。當然，我們並不希望大家認為那是好的建立行為方式。

(三) 負增強 (Negative Reinforcement)

　　當使用負增強時，仍然會增加行為的出現。在最基本的意義上，它界定了增強的作用。在我們的經驗中，發現大學生與實務工作者，常同樣的誤解負增強的概念。我們曾經見證到學生將負增強與處罰視為同義詞。我們也曾經發現負增強被用來表示一件不被期望行為的增強情境（例如：一個被實務工作者視為「負向」的後果）。以上兩種說法均是錯誤的，負向這個詞彙並不意謂著它是期待或不期待的後果，但是他特別用於代表增加或加強行為的後果。回想正向在正增強表示在某一行為後果的情境當中增加了某些東西。負向在負增強表示在某一行為出現的後果而除去某些刺激（參閱表2-1）。負增強的後果是增加反應再度出現的可能性。負增強亦牽涉到一特別的先前刺激的呈現，哪一先前刺激是令個體感到嫌惡的；因為標的行為的出現而去除先前令個體嫌惡刺激，如此增強了標的行為的反應。當一個人剛要發動車子時出現紅燈及信號器嗡嗡作響，這些就是先前的嫌惡刺激，當座位安全帶繫好時它們就立即消失或去除掉。同樣的，當你置身於這些刺激當中若能形成負增強時，你將會繫好座位安全帶。換言之，在開動車之前或避免信號器與紅燈出現時你會繫好座位安全帶。負增強是指人們避開或逃離不期待的刺激。座位安全帶情境代表一件受期待反應負增強的例子。

　　當行正向增強時，不期待的反應也可能是負增強。當一個實務工作者注意到某一個學生正在逃避或避開某些情境時（或人或環境時），這就是發生負增強的一項線索。例如一個反覆破壞班級的學生，只有從班級被移開可能是接受負增強（即使實務工作者認為是進行處罰）。如果班級有某些令學生

嫌惡的刺激，而破壞行為的後果是來自於嫌惡刺激的去除，如此將會導致破壞行為的增加。上述代表一件不受期待行為的負增強的例子。

下面將介紹許多與增強有關的主要概念與詞彙。包含「Premack原則」、增強物清單、飽和、原始、次級及類化增強者、增強物品質與增強時制變化表。

(四) Premack原則 (Premack Principle)

Premack原則可以自由應用於教育與家庭的環境中。它是表示個體因為能表現出他較不喜好的活動後果，因而使他能從事較喜愛的活動。確認所謂「個體較喜愛的活動」，應根據個體實際的行為表現，非研究者或實務工作者所假設的。有些人喜歡休閒時玩電動遊戲，有人則選擇看電視或閱讀。當確認個體較喜愛的活動是一種前因後果的呈現時，同樣的將會促使個體表現出更多其較不喜好的活動。有時將此原則，稱為「老祖母原則」，這種操作制約策略，有如親職與教學策略一樣古老。較常見的Premack原則情境：「作完家課，然後你就可以看電視」、「完成你的發聲練習，然後你可以聽一張CD」、「完成你的算數功課，然後可以跟你的朋友一起遊戲」。Premack原則因為增強的後果(喜愛的活動)而時常應用於家庭、學校及臨床情境中。記住！越接近的增強活動也應是容易掌控的。如果個體能接近非因果性高喜愛性的活動，則Premack原則可能徒勞無功。

（五）塑造（Shaping）

　　如果標的行為反應越來越接近行為標準時給於正向增強稱為塑造。所謂標準是指標的行為表現的期望層次，它表示所表現出的行為應是具有功能與成功的表現。例如個人的簽名應具有法律的效果（一個標準）以及在一段合理時間內（另一標準）。一個人能夠簽自己的名字，但是所簽出的名字是無法閱讀或者需要花很長的時間才能完成，則此簽名是不具功能性的。在塑造過程，個體一出現接近或達到表現標準的反應時即獲得增強。在塑造過程的一項潛在的困難即是如何判斷行為反應有多接近表現標準。例如學習樂器，老師判斷學習者是否達到表現標準。比較客觀判斷比較好。通常，塑造是用以表示行為漸進性改變的形態圖（topography）（參閱第三章將形態圖視為依變項的討論）。

（六）增強物清單（Reinforcer Menus）

　　如同前面所述，每一個個體有其個別的增強歷史（和處罰）。對某一個個體是有效的增強，對另一個體可能是無效的。我們可能要依據不同變項，對潛在增強刺激或後果作一些假設（例如相同年齡、民族、社經地位背景的個體可能享有相同的增強者），但不可能沒有根據個體的基礎仔細檢視後再確定。例如糖果對一般孩子可能是具有增強的特質，但對某些特定孩子可能就不具增強特質。老師注意到誇大的讚美對年幼兒童可能具有潛在的增強，但對青少年可能就較少潛在的增強。如果要進行以正向增強為自變項的單一或多個

個體研究之前，應要先發展增強物清單。增強物清單是由各
種不同的刺激編纂而成（例如活動、食物、讚美類型或敘述
方式、東西物品），它對個體具有增強的特質。確認個體個
別增強物清單有許多不同的策略。Hall and Hall（1980）
提出協助選擇增強物清單的九個步驟：

(1) 考量個體的年齡、興趣及胃口；
(2) 考量所要增強的行為及增強的性質與程度與所努力
    的行為作比較（參閱本章增強者的特質這一節）；
(3) 根據訊息表列出潛在的增強物；
(4) 確認可供應用Premack原則的增強活動；
(5) 訪談或詢問其所喜歡或不喜歡的是什麼；或問其他
    人，他們所觀察個體所喜愛的情形是什麼；
(6) 考慮使用對個體而言是新的後果；
(7) 使用環境中可利用的和自然發生的增強物；
(8) 選擇先前步驟中所使用之增強物；
(9) 記錄資料，以確保應用的後果，可實際產生增強後
    果；確認增強物的另一個意義，包括觀察學生在自然
    情境下所決定的喜好，或讓個體接觸活動/刺激以決
    定喜好或可能的新增強物。研究者盡可能嘗試多變化
    的增強刺激。為避免發生飽足作用，研究者要經常的
    改變增強後果。在替代處理設計中(見第九、十章)，
    決定哪個後果有最大的增強性質對研究本身是重要的。

（七）飽足(Satiation)

飽足(Satiation)發生在用先前增強刺激不再有增強作用時。一般而言，個體過度接觸增強物刺激，刺激就不再有效。簡言之，個體可能不再為了獲得刺激後果而出現標的行為。這常發生在使用食物或飲料當增強物時，也可能發生在配對使用物體、代幣制或活動時。為了刺激後果有增強的作用，可使用剝奪情形。**剝奪**(Deprivation)，不是指忽略或濫用的情形，而是接受刺激時需被控制，接下來對個體而言，獲得此刺激是重要的。換句話說，刺激後果使個體值得付出行為來獲得它。使用不同的增強物(增強時制)可協助提供一些有品質或有價值的刺激後果。然而，研究者必須小心使用增強物的種類，因為它可能混淆實驗後果。例如：當玩紙牌遊戲時，學生可能表現很好的標的行為；當只提供一種閱讀材料時，則表現不好。因此研究者可能需要控制所提供的增強物種類，這是替代處理設計的關鍵要素。除了由改變增強物來考慮飽足外，實務工作者或研究者必須考慮所提供的增強物種類。

（八）原級、次級和類化增強物
(Primary, Secondary, and Generalized Reinforcers)

增強刺激可分類為三群：原級、次級和類化增強物。原級增強物為個體不需有先前經驗的刺激來增強的性質(Kazdin,1975)。食物、飲料和情感為原級增強物的例子。一般而言，我們認為這些為生活必需品，但也有些例外

(如：有些人會爭議情感是否為原級增強物，它不是維持生活的必要，但不需先前經驗)。一般來說，原級增強物唯一使用在其他種類增強物不能被確認時。次級增強物需要一些經驗和合併原級增強物或現存的次級增強物來獲得增強特性(Kazdin, 1975)。例如：使用稱讚或帶有情感的輕拍背部來獲得自我增強性質。類化增強物為次級增強物的特殊類型。類化增強物為可以交換任一種的多樣原級或次級增強物(備用增強物)，和透過配對的類化增強物以獲得它的品質或價值(Kazdin, 1975)。金錢為類化增強物最明顯的例子。代幣制和集點系統經常使用在學校和臨床環境中。

類化增強物的優點為容易施行、保留和提供個別化的備用增強物；有時可移走他們，以處罰不適當的行為。當涉及注意與稱讚時，次級增強物為容易施行與有立即和可用的優點；原級增強物則不容易施行，且可能會被飲食限制所干擾和易於快速地飽足。每當朝向目標使用原級增強物時，應與次級增強物或類化增強物配對使用，或使用後兩者增強物。

(九) 增強的品質 (Quality of Reinforcers)

增強物的品質是研究者檢測自變項的另一項考慮。施行的增強物種類、程度、數量等，應與標的行為的達成(或減少)同樣重要。例如：大多數教育者或臨床工作者都認為學生完成單一座位安排就頒給學生10元美元的情形太過度了；而9週的數學測試達成90%精熟程度或傳遞共用演講時，獎賞10元美元可能較適當。它應該注意到個體參與的歷程和在研究計劃中改變的程度，這可人幅度影響這個結論。一般而言，引發標的行為出現越困難，增強的品質或量需要越多。

（十）增強時制 (Reinforcement Schedules)

當研究計劃中，以增強物爲系統化施行時，早已決定時制。時制可被分類爲**比率**、**時距**(Ferster & Skinner, 1957; Skinner, 1953)或**持續時制**(Alberto & Troutman, 1999)。

1、比率時制 (Ratio Schedules)

比率時制是應用在計劃中的每次標的行爲(依變項)，出現在易被觀察的時候。例如：說完整句子的次數或頻次可被計算。比率時制可進一步分類爲連續、固定和變動比率時制。

2、連續時制 (Continuous Schedules)

在連續時制中，每個正確反應都受到增強。一般連續時制在新獲得標的行爲時。儘管大家有共識，認爲時制造成的效果強度大(沒有增強後果，而是持續性的標的行爲出現)，否則會存在相反的事實。例如：在販賣機投入錢幣是非常類似連續性時制的增強。你投入錢而得到選擇。然而，當機器喪失功能或未能提供任何選擇時(或退你的錢)，你不會再繼續投錢，參與這種隨後的增強。因爲這理由，連續時制被用來建立正確反應，然後照慣例地學習或漸漸需要一種以上的正確反應，以規律地得到增強之延長間歇時制(Skinner, 1953)。增強的連續時制可在研究文獻中縮寫爲CR或CRF時制。

3、固定比率時制（Fixed Ratio Schedules）

　　這個時制要求在增強之前，個體能表現出標的行為的一組反應。例如，學生在獲得增強物前須說出四句完整的句子，所要求的這個反應數隨著反應的進步而逐漸地增加（例如：要求反應數從4個增加到6個再增加到10個才能受到增強），固定比率時制可簡寫成FR（例如：FR-4表示在增強前須要求4個固定比率的正確反應）。此時制有助於建立抵消區別因沒有增強作用而必須呈現的標的行為，當標的行為有增強作用時，個體很難或不可能參與。

4、變動比率時制（Variable Ratio Schedules）

　　這個時制要求個體呈現一組平均的正確反應率以獲得增強。此時制可簡寫成VR時制（例如：一個VR-10會要求一組平均10個正確反應以獲得增強）。平均數是藉由所要求的不同的正確反應而達成，它是所有正確的反應除以獲得的增強物而獲得平均數。當使用VR時制時，當增強開始前，個體較少正確地參與，而且應該會呈現較持續而穩定的標的行為。必須注意的是，假如正確反應的比率增加太快或數量太高，會產生**比率扭曲**（ratio strain）的現象（Cooper, Heron, & Heward, 1987），比率扭曲之所以會發生是因為對個體要求太多或個體沒有受到增強而減少或停止反應。當出現比率扭曲時，實務工作者或研究者應回到原先已做成功的時制，然後慢慢地減緩它的過程。

5、時距 (Interval Schedules)

　　時距時制用於當標的行為出現非常頻繁以致於難以測量每次反應出現時，當運用時距時制時（請勿與第三章「記錄行為的方法」中的時距記錄系統混淆），第一個正確的反應的出現在事先決定的時間間距後將會被增強，例如，假如標的行為是說出完全的句子，第一個正確的反應在1分鐘（或30秒、10秒等）間距後出現將被增強。就如同比率時制一樣，時距時制亦可以固定或變動，也就是，在一個固定的時距（fixed interval）中出現的第一個正確反應後會有增強（例如：在一分鐘後出現得到的增強），或在平均時間或變動時距後（在一個平均10秒或10分鐘後）。時距時制可以壓縮成比率時制，亦可簡寫成FI（固定時制）或VI（變動時制）。

　　當運用增強時個體才開始參與活動，特別是運用固定時距時，亦即，當個體知道在時距內的其他時間不再增強時，將減緩其反應。而在變動時距時，變動的時距會幫助減少這種情形。研究者亦可用一些限制來制止這情形發生。這些限制包括隨著時距的消失在一段特定期間增強是變動的，而這種方式可維持較穩定及快速的反應（Alberto & Troutman, 1999）。要記住的是雖然由於時間的變動增強被限制在某些範圍內，增強的時距時制用於標的行為的次數計算勝過於時間本位，當我們所關心的是行為多久出現時，我們所使用的是增強的反應持續時制。

6、反應持續時制 (Response Duration Schedules)

反應持續時制可以是固定或是變動的(Alberto & Troutman, 1999)。可應用先前所討論的其他間歇時制之相同衰減過程。在持續時制中，研究者根據行為持續多久來進行增強。在**固定反應持續時制**(fixed response duration)時，研究者在標的行為出現已持續一段固定時間時增強個體(例：每2分鐘後)。在變動反應時距(variable response duration)時，研究者在標的行為有平均持續性出現的時段後增強個體(例：VD-5分鐘)。在相同事件中均達到時，如變動比例時制，當需要反應次數時取代時間週期。在固定反應持續時制中，被增強的個體行為可能停止出現，在緊隨在增強後的標的行為，因為他了解在某段時間不會有增強或要得到增強的時間太久(Alberto & Troutman, 1999)。變動時制有助於減少這問題。

增強和其施行比當鴿子啄到正確鈕時餵食它鳥食的情況更複雜且精緻。事實上，在我們經驗中，在這章節討論的概念常被施行者誤解和誤用。減少行為的方法也許需要較多技巧和知識，因為它們可能在標的行為改變時，引起不想要的副作用。

二、減少行為的方法
(Methods To Decrease Behavior)

如先前注意到的，對於某些減少行為的方法是否應被施行有些爭議。肢體懲罰是個明顯例子。較少的明顯例子(使用惡臭氣味和用水噴臉)也被爭議。我們的立場是減少行為

的方法應被討論，這可能有幫助和可能是有用的。清楚地，
使用某些可能有相反副作用的任何方法需嚴格檢查。雖然懲
罰是某些用來減少行為的方法，但其他方法的使用一般認為
有較少限制。

使用懲罰的爭議如下：

(a)個體學到什麼不該做，什麼該做；

(b)它可能使個體仿效侵犯和肢體控制的方式；

(c)它可能給予個體痛苦和困苦；

(d)有時，它施用在無法表達不願意參與如此測驗的個
　　體(如：有重度障礙的非口語個體)；

(e)它只是鎮壓行為和可能無法消除不想要的反應，特
　　別是在其他情境或情況；

(f)個體可能從使用懲罰的環境中避開或逃離。

雖然大多數專家可能很難將懲罰的擁護者描繪特徵，在
特殊環境中贊成使用時，此爭議可能產生。如此的情境可能
是當個體表現出會明顯危害到自己或別人，且需立即被壓制
的行為時(如：嘗試用刀子刺人、跑到馬路上或縱火)。當
嫌惡刺激被用來壓制(如：懲罰)行為，Wolery, Bailey和
Sugai(1988)列出下列應考慮情形：

(a)嫌惡需個別來決定；

(b)它可能需要使用較強的嫌惡刺激來達到想要減低的
　　行為；

(c)應預防副作用；

(d)維持行為減少應是有用的；

(e)嫌惡刺激應持續和立即進行的；

(f)嫌惡的使用應被限制和小心監控。

　　當設計單一受試者研究時，每個個別研究者或實務工作者和教育團隊一起需考量許多的變動性。然而，在使用懲罰前，需要由其他適當的委員會(人權處理或人權個體審查委員會)進行較多嚴格測試。這副作用很多，為了一種或全部的理由，劇烈和奇特方式的懲罰一般而言是避免使用。在討論反對使用懲罰者提倡用較少嫌惡技巧後，緊接著，我們將討論懲罰方法。

（一）正向懲罰 (Positive punishment)

　　如同正增強一樣，這個措詞並非意謂著懲罰是一件好事情。所謂「正向」在這裡係指行為的後果而不是現象的本質。此外，行為發生在原因之後，故此行為的後果是環境的附加物（如：口頭譴責），而其效果是未來在相同或類似的情境下，行為發生的可能性降低。未來行為的降低或減弱，實際上就是在為懲罰下定義（Cooper et al.,1987）。但就如同正增強一樣，我們必須牢記可能是預期或非預期的行為會被懲罰。例如，當一位年輕人在班上被過度的口頭稱讚，將來較不會主動回答。雖然實務工作者也許會認為是正向增強學生，但其後果是學生在類似的前因情境下，並不一定會表現出行為。所以事實上她是使用了正向懲罰。雖然有許多其他可能的方式，學校或臨床的環境中最常使用的正向懲罰還是口頭譴責。

　　每個學生就如增強一樣都有他們個人的懲罰史
(individual history of punishment)。所以，對這個學
生所用的懲罰不一定會適用在另一個學生身上。個人對後果
的反應是決定懲罰是否發生的依據。此外，懲罰的後果可能
是主要或次要的。懲罰的程序並不常在文獻中討論，研究者
或實務工作者較希望著重在每個標的行為的意圖。雖然不像
負向增強一樣需要嫌惡前因，但是負向懲罰有時也會使用。

(二) 負向懲罰 (Negative punishment)

　　負向懲罰也會產生減少標的行為出現的可能性。在負向
懲罰中，當前因出現後，行為出現的後果是從情境中移除掉
某項事物。其效果是在相同或類似的前因情境下，降低行為
的再次出現。例如，一位實務工作者問了學生一個問題，而
一位學生不加思索的就回答了，實務工作者便扣了該位學生
一點，在剩餘的時間裡，學生便不會再不加思考就回答了。
負向懲罰的另一個例子便是對於犯錯行為剝奪原有的權利。
負向懲罰並不需要預先呈現可移除的預期或喜愛的刺激來做
為標的行為的後果。但必須牢記的是從個人的世界中移除某
項事物並非總是那麼容易執行的，且可能會帶來非預期的反
應及副作用。

　　反應代價是負向懲罰的一種方式。在反應代價中，實務
工作者或研究者會分派罰款給一個或多個特定的標的行為。
當標的行為發生時，就會被收取罰款。通常反應代價是用來
連接那些強調應如何做，而非不做什麼，來獲得增強的代幣
制或集點制（例如那些為增強所標的的行為也是一樣）。

（三）消弱 (Extinction)

雖然不是典型地被定義為懲罰，但是消弱提供了類似負向懲罰的效果。使用消弱時，行為的增強物被確認且當行為發生時，把增強物移除或抑制（Cooper et al.,1987）。消弱係依賴一旦增強被抑制時，行為最終將被減少或消去的假定。例如，當說話是較合適的，且是個體本身擁有的能力時，個體卻可能選擇使用手勢動作來溝通。而實務工作者或研究者可以抑制任何當手勢動作產生時，所給予的增強（例如，對溝通的需求做反應）。這個時候若沒有增強物來維持該強度時，手勢動作將被減少。

有幾點是在使用消弱時應先考量的。第一，當消弱在實行時，可能在標的行為尚未減少時，就已經變得更糟了（Cooper et al.,1987）。例如，個體可能會在理解自己並不會獲得增強之前，就已更常使用手勢動作且去尋求別人的注意。而這個理解可能會花費好幾天或好幾個禮拜的時間。通常，行為越被長時間的增強，則消弱所得到的反抗也越多。那意謂著消弱需花一段時間才會發生。在有時伴隨著增強削弱實行反應的突破階段，並不是那麼容易去支持及不去增強的。例如，假如要消除的是在班級討論時一位學生大聲喊叫的行為。行為的增強可能會帶來無法忽視的混亂。諷刺的是，如果老師真的回應了，老師的注意會被當作是一個正向增強，而大聲喊叫的行為可能在消弱出現前已被強化了（因為老師已不經意的使用了變動比率時制的增強）。因為這個原因，標的行為的本質必須仔細考量。第二，對於指定的反應不太容易且有時也不可能去定義或控制增強物。增強在很多情境中有時是有效的且從很多來源看來抑制是不實用

的。增強有時是內在化的，所以研究者無法觀察且控制增強
後果。第三，增強的抑制可能會導致個體的極端的反應。最
後，有些行為是不能使用消弱的。例如，孩童可能從出現的
增強中逃開，但我們不可能允許孩童這麼做並忽視他們。另
須注意的是**自我回復**（spontaneous recovery）也可能會發
生。自我回復是指情境中，個體在沒有明顯的原因下出現已
被消弱的行為（Cooper et al.,1987）。通常，介入可能會
再重設，且行為可能會比原先的程序花較少的時間再一次的
被消除。當執行者的注意增強了一個輕微不適當的反應時，
有時消弱是有效的（例如：忽視會話的干擾）。如果它真的
發生的話，也許會減少消弱的強度且可能會帶來快速並完全
的反應消弱。消弱為用來連接區別性增強的最好方式，當增
強有效時，個體可學習到新的行為。

　　透過區別性增強的使用，我們將討論減弱行為中較少提
及的嫌惡的方式。反應干擾、反應飽足及過度矯正等也是常
用來減弱行為的方式。

（四）區別增強 (Differential Reinforcement)

　　區別增強是利用混合行為改變策略以消弱標的行為，並
可減少因懲罰所產生的嫌惡效應。用較想要的行為以取代消
弱之標的行為(Dietz,& Repp, 1983)。在增強想要行為的
同時，也具有消弱標的行為的效果。消弱標的行為的策略有
很多種，例如正向或負向懲罰、消弱和對反應的干擾。區別
增強利用混合行為改變策略以消弱標的行為，這有明確的優
點：

(a)個體可同時學習想要的行為和不想要的行為；

(b)可減少個體整體所需的增強程度；

(c)個體和他的重要他人(如審查研究中受試者人權團體)比懲罰更喜愛該種增強；

(d)在鼓勵行為改變的模式中也強調增強作用；

(e)若有增強作用，個體較不會想逃脫或避免該情境。

區別增強有各種的形式，包括其他(或遺漏的、或零發生率的)行為區別增強(DRO)、對立行為區別增強(DRI)、替代行為區別增強(DRA)、低頻行為區別增強(DRL)。

(五) 其他行為區別增強 (DRO)

其他行為區別增強包括對於能持續一段時間中沒有出現的行為給予獎勵。其他行為區別增強雖不強調讓個體了解所需消失的標的行為，如果讓個體了解不能出現的標的行為，則個體較容易改變其行為。舉例來說，學生贊同減少不適當的口語評論(如詛咒、口語威脅或非問侯的方式)，研究者對不適當口語評論的消弱情形(如十分鐘沒有出現此行為)，給予獎勵。理論上來說，是獎勵學生其它行為，而非標的行為。在應用上，研究者可能會發現有必要找出不想要的行為(如：違反其它的規則，像是打人、丟東西或以其它方式擾亂班上秩序；見第七、八章的多重基準線設計)。如果標的行為有消弱，研究者應該繼續下去，並做時間記錄和告知個體哪些行為有進步。另外要測量反應干擾(請看後面的探討)或反應成本。在行為有改善後，可逐漸將給予增強的時機往後挪。

（六）對立行為區別增強（DRI）/替代行為區別增強（DRA）

對立行為區別增強和替代行為區別增強很相似，但和其他行為區別增強的方式有些不同。對立行為區別增強和替代行為區別增強皆以定義出特定的適應行為取代不適應的行為。對立行為區別增強中所指的標的適應行為是和不適應行為在物理特性上是無法共存的(例如，當學生坐在椅子上的同時，他就不可能離開座位)。替代行為區別增強中所獎勵的反應和標的行為在物理特性上是相容的(例如：給與口頭上的稱讚而非口語的侮辱他人)。對立行為區別增強和替代行為區別增強皆對追求的行為做增強。當不適當的標的行為消弱時，仍須持續進行計畫。

（七）低頻行為區別增強（DRL）

低頻行為區別增強用於出現的頻率不恰當的標的行為時，或需減少行為時。前面所指的第一種情形是在上課中上廁所是適當的行為，但是在一節課中上廁所的次數過頻繁時則會變成不適當的行為。前面所指的第二種情形是抽菸的例子。此種低頻行為區別增強是用於，研究者有系統的針對逐漸減少的抽菸行為給予獎勵，直到抽菸行為達到可接受的範圍時或戒菸時(參見第11和12章改變效標設計)。

（八）減少行為的其它方法

(Other Methods to Decrease Behavior)

　　減少行為的其它方法包括**反應干擾**和**過度矯正**。這些方法雖不是典型的懲罰程序，但或多或少會牽涉到對學生的身體接觸，可能導致相同的副作用，因此二者皆採用一些替代行為當作增強的一部分。

1、反應干擾 (Response Interruption)

　　反應干擾是指由研究執行者或研究者以實際的干擾行為中斷標的行為的產生(是指在強度上的減少或消除)，干擾行為包括口語或肢體干擾。舉例來說，如果需消除一個學生的一些不適當的口語行為，研究者會用口語的干擾來中斷其標的行為，一般來說會用較適當的口語行為來減少不適當的口語行為。如果要減少學生的離座行為，會使用肢體指引來讓學生回座。此外，反應干擾也可和區別增強一起使用。

2、過度矯正 (Overcorrection)

　　過度矯正是藉由教導其它的替代行為或想要的行為來減少標的行為發生的頻率(Azrin & Foxx, 1971)。這是以正確行為或適應行為一再的重複發生促使個體學習到該行為(Azrin & Foxx, 1973)。過度矯正包括二個介入程序：回復和正向的過度矯正。

3、簡單回復 (Simple restitution)

　　常發生於治療室、教室、家裡和工作場所中。簡單回復並不是過度矯正，它是指將環境回復至先前的狀態。舉例來說，有一個學生在美術課中把顏料灑出來，需將教室打掃乾淨以回復至原來狀態。這在每日生活中常用到，利用想要的活動取代不想要的活動，這種清潔工作即是其中一種。

4、回復性過度矯正
(Restitutional overcorrection)

　　是將環境還原比先前更好的狀態。在減少標的行為時，不只是矯正標的行為而且要實際改善環境的狀態。舉例來說，對於一個在學校牆壁上塗鴉的學生，不只要求清潔他弄髒的那面牆，還要清潔其它牆壁。

5、積極練習過度矯正
(Positive practice overcorrection)

　　為替代性標的行為的重複練習。例如，對每次離開或進入房間時，砰地一聲關上門的人，要求重複練習安靜地關門。積極練習包含教導個體一個比標的行為更適應的行為。

　　過度矯正可包含肢體操作個體執行矯正的過程。同樣地，這過程可能也需人監督和消耗時間。過度矯正不容易在自然情境中執行，若需肢體接觸時，可能導致惹人厭的反應。

　　我們所討論的過程包含研究文獻中所報告的各種組合和變動。這決不是一個詳盡的討論，鼓勵讀者在選擇對任何特

別計劃的自變項之前，更徹底地檢查關於應用行為分析的文獻和其他介入過程。這個討論必須提供一般的準則和知識，以反映在可用的選擇和一些在選擇自變項上所需要的考慮，或在研究文獻中經常發現的瞭解過程。

摘要檢核表
(Summary Checklist)

正增強(Positive reinforcement) --
> 在引發行為後得到後果，在相同或類似的情境下，可能增加或加強行為的再次發生；正向（positive）是指後果累加於個體情境上，而不是在行為的品質上。

賄賂(Bribery) --
> 在行為發生前給予報酬，希望將表現該執行行為；經常與正增強混淆。

負增強(Negative reinforcement) --
> 採用嫌惡的前因刺激，當行為發生，產生是移走嫌惡刺激的後果；在相同或相似的情境中，會增加行為再次發生的可能性；負向（negative）是指在個體情境中移除東西為一後果，不是行為不好的品質；當行為導致逃離或避免許多討厭的情況或事件時，可能發生負增強。

Premack原則(Premack principle) --
　　使用高度喜愛的活動當作增強的後果，以表現較不喜愛
　　的活動（標的行為）；必須控制的接觸高度喜愛的活
　　動；在家、學校和臨床上常使用。

塑造(Shaping) --
　　密切地增強以接近標的行為的標準；使用在教導新的
　　行為。

增強物清單(Reinforcer menus) --
　　個別地決定已知的或可能的增強後果之表單。

飽足(Satiation) --
　　當重複接觸增強的後果，導致增強品質的喪失（例如，
　　太多的糖果為增強物，導致努力不夠多就可獲得更多糖
　　果）。

原級增強物(Primary reinforcers) --
　　需要沒有先前接觸具有增強品質的增強物；經常為生活
　　必需品或基本東西(例如：食物、水、溫暖)。

次級增強物(Secondary reinforcers) --
　　增強物能獲得增強的品質，透過與原級增強物的配對或
　　次級增強物的存在（例如讚美、好分數）；一般地，比
　　原級增強物更喜歡使用。

類化增強物(Generalized reinforcers) --
　　給予增強物例如：代幣、點數、金錢）以代替前述兩
　　者之任何一個，但是後來能和其他的增強物交換。

增強物的品質(Quality of reinforcers)--
　　增強的種類、數目和程度，必須適當與標的行為搭配。

增強時制(Reinforcement schedules)--
　　透過許多時制，給予增強；一般地，須從較頻繁和可預期的到較少頻繁和不可預期的，移除增強。

連續的時制(Continuous schedule)--
　　增強標的行為的每個正確反應；使用於建立新的行為；不妨礙消弱（例如，缺乏增強下，行為的連續是不大可能的）。

固定比率和變動比率(Fixed ratio and variable ratio) --
　　在特定數目或變動數目的正確反應後，分別地給予增強；變動比率時制必須導致更一致或更穩定的反應。

固定時距和變動時距(Fixed interval and variable interval) --
　　在特定或變動一段時間後，增強第一個正確的反應；變動時距時制必須導致更一致的反應；不要與第三章所討論的標的行為之時距記錄混淆。

固定反應持續時制和變動反應持續時制(Fixed response duration and variable response duration) --
　　因為標的行為經過一特定的或變動的時間長度（時制），持續的發生，而給予增強；變動的持續時制必須導致更多一致的反應。

正向懲罰(Positive punishment) ──

在行為發生後，從個體的情境，增加某項東西，減少或減弱在相同或類似的情況下（前因），行為發生的可能性；每個人有個別的歷史，決定具有懲罰性質的後果；應避免懲罰，因為它有許多副作用。

負向懲罰(Negative punishment) ──

在行為發生後，從個體的情境，移除某項東西，減少在相同或類似的情況下（前因），行為發生的可能性。

反應代價(Response cost) ──

一般會因為標的行為的出現，扣押罰金（負增強）；常常使用代幣、點數或貨幣系統。

消弱(Extinction) ──

在反應後，增強的撤回或保留；在行為開始減少之前，行為可能確實地增加。

自發性回復(Spontaneous recovery) ──

不預期的發生先前被消除之標的行為。

區別增強(Differential reinforcement) ──

使用增強的方法以減少行為；經常較喜歡使用，因為這些方法比懲罰較少侵入性。

其他行為區別增強(Differential reinforcement of other behavior，簡稱DRO) ──

為不發生標的行為一段時間，增強個體。

對立/替代行為區別增強(Differential reinforcement of incompatible/alternative behavior，簡稱DRI/DRA) ——
為適應的反應，增強個體，意指替代不適當的標的行為。

低頻行為區別增強(Differential reinforcement of low rates of behavior，簡稱DRL) ——
增強個體以減少行為反應的程度至適當的程度（例如，到廁所的次數），或標的行為的增強，直到達成零反應（例如，抽煙）。

反應干擾(Response interruption) ——
當發生標的行為時，會干擾個體；一般是誘導個體產生更適應的反應。

過度矯正(Overcorrection) ——
當標的行為發生時，讓個體重複地執行更適應的行為或執行一個誇大的適應反應；過度矯正意指教導個體做什麼，不僅僅是不做什麼；可能包含肢體的接觸和經常需要一對一的注意來執行。

簡單回復(Simple restitution) ——
這不是真的過度矯正：是指恢復到它原來情況的情境（例如，在液體灑出地板之後的拖地）。

回復性過度矯正(Restitutional overcorrection) ——
恢復到比先前情況還要好的情境（在上述的例子中，除了拖液體灑出的地板外，又拖了許多的地板）。

積極練習過度矯正(Positive practice
overcorrection) ──
　重複地練習適應的反應（例如：在砰地一聲關上門之
　後，重複練習安靜地關門）。

 參考文獻（Reference）

*Alberto, P. A., & Troutman, A. C. (1999). Applied behavior analysis
for teachers (5th ed.). Englewood Cliffs, NJ: Prentice-Hall.*

*Azrin, N. H., & Foxx, R. M. (1971). A rapid method of toilet
training the institutionalized retarded. Journal of Applied
Behavior Analysis, 4, 89-99.*

*Cooper, J. O., Heron, T. E., & Heward, W. L. (1987). Applied
behavior analysis. Columbus, OH: Merrill.*

*Dietz, D. E. D., & Repp, A. C. (1983). Reducing behavior through
reinforcement. Exceptional Educaiton Quarterly, 3, 34-46.*

*Ferster, C. B., & Skinner, B. F. (1957). Schedules of reinforcement.
Englewood Cliffs, NJ: Prentice-Hall.*

*Foxx, R. M., & Azrin, N. H. (1973). The elimination of autistic
self-stimulatory behavior by overcorrection. Journal of Applied
Behavior Analysis, 6, 1-14.*

*Hall, R. V., & Hall, M. C. (1980). How to select reinforcers.
Lawrence, KS: H & H Enterprises.*

Kazdin, A. E. (1975). Behavior modification in applied settings.

Homewood, IL: The Dorsey Press.

Premack, D. (1959). Toward empirical behavior laws: I. Positive reinforcement. Psychological Bulletin, 66, 219-233.

Skinner, B. F. (1953). Science and human behavior. New York: Macmillan.

Wolery, M., Bailey, D. B., Jr., & Sugai, G. M. (1988). Effective teaching principles and procedures of applied bahavior analysis with exceptional students. Needham, MA: Allyn & Bacon.

第三章　記錄行為之方法

重要概念

一、軼事記錄

二、以事件本位記錄及報告行為的方法

（一）永久的成果
（二）正確的百分比
（三）頻次
（四）比率
（五）達到標準的試驗
（六）累積的記錄
（七）時距記錄
（八）大小
（九）型式
（十）協助記錄之程度

三、以時間本位記錄和

報告行為的方法

（一）時距記錄
（二）延宕記錄

吳勝儒

四、關於這些方法的一些評論

如同自變項，實際上可使用無限多種的依變項在單一受試者研究中。當我們記錄依變項時，通常會討論使用方法以決定自變項（例如，處理或介入）的效果。研究者的焦點在可觀察的和可測量的依變項上。也就是說，標的行為的出現可被至少兩個以上觀察者所檢視和單獨地測量，而且關於依變項出現的程度（例如，多久一次或多長）能達到合理的一致。在本章，我們將討論在單一受試者研究中，經常作為依變項之記錄標的行為的方法。例如，可以測量一個小孩在一節課的時間內，離座幾次。可使用一個介入方法，藉由離座行為頻次的改變，來測量自變項的效果。有時，所關切的典型行為，可能比較困難或甚至無法實際地觀察。行為可能與某些內部認知過程相關，當然就不能直接地觀察到。然而，其依變項或標的行為必須是反映更多典型行為出現的結果。例如，個人所有的目的（goal）可能是在一壓力情況中，個人實際採取的動作前，反映出可能採取的行動（例如，相關的行為是反映在個人可能的行動）。但是，無法直接地觀察反映。在這個例子裡，介於壓力情況的出現（等待是標的行為）和行動開始之間，可測量時間的消逝，作為依變項。而且，研究者可以測量個人能力的正確性，來詳細描述針對隨著教學反映，個人內在的一系列步驟。研究者亦可測量實際出現的結果。在每個例子中，研究者確認一個可被觀察的，且可指出要達成的所有目標之標的行為（Target behavior）。標的行為之直接測量是必須的。可藉由應用行為分析，運用這些直接測量的測量技術。我們將討論這些典型的定義和使用的技術。

以上的例子顯示出研究與教育或臨床介入應該注意的相關議題。除了對心理上的測量，亦即出現在心靈和心裡的行

為無法直接地觀察到。當然,我們都同意這些反應是重要的,而且在決定個人採取的行動上,經常具決定性。而且,每個參與研究的人也許不同意出現的行為改變是否真的有意義,或者與他們對研究結果的認知,可能是不同的。研究者開始運用其他比典型的應用行為分析較不直接的評量方法,但所提供洞見有助於研究成果的精細化。這包括那些我們即將提及的質的測量,在13章我們將討論質的測量。在本章,我們將討論如何將量的測量運用在協助決定社會和生態效度上,以及單一受試者研究的成果。第一,我們將討論標的行為和記錄標的行為改變的方法;第二,我們將提出在記錄行為的每種方法中,如何決定觀察者間信度;第三,我們將提供樣本資料記錄單,將有助於建構讀者自己的記錄單(包括在本章後面的附錄中)。雖然對研究者而言,有許多有用的選擇(如柱狀圖),我們假設報告典型的量的資料,將以一個在第一章已完整地討論過的X-Y軸圖。我們必須強調適用於研究者之可能的依變項選擇,並不限於這裡所討論的,但是這些確實表示依變項在單一受試者研究中,一些常被使用的記錄過程。

量的依變項,典型可分為二類:

(a) 測量事件及主要設計為測量標的行為的頻次、正確率和強度(以事件為本位)。

(b) 以時間為本位及測量行為出現有多久或引發行為的開始有多久。特別要記住的是,因為這些依變項必須是可觀察的和可測量的,需找出標的行為和最適當的取得程序,軼事記錄在這個過程經常是有用的。

一、軼事記錄
(Anecdotal Records)

　　軼事記錄或ABC記錄，包括個人出現及/或引發的行為前因（antecedents）、行為本身（behavior）和行為後果（consequences）的測量（Bijou, Peterson, & Ault, 1968）。再者，引發行為的時間及情境和人都要作記錄。軼事記錄至少有二種型態：第一，可當作在一段時間內情境的持續記錄。這些記錄著重環境中的任何一個人，但是經常聚焦於一個人身上。非常清楚地，為了完成這些記錄，你必須集中所有的注意力在觀察上。這是很耗時的，而且說得容易做得難。試著記錄在前因、行為和後果之間的所有互動的確是一個很大的挑戰。第二個在軼事記錄中使用的方法是要克服這些挑戰就要隨著行為的瞬間做ABC記錄。例如，一位實務工作者關心個體的說話的不流暢和不流暢的反應。實務工作者可在個體環境中以ABC記錄一段時間，或在說話不流暢後立即做ABC記錄。前者能蒐集較豐富的資料，但後者較省時且較少教學干擾。軼事記錄的樣本記錄單，可用於所討論的任何一種類型的軼事記錄，列於附錄的圖3-1中。

　　觀察者應與其他在環境中的他人共同回顧資料，以決定是否同意記錄的正確性（我們隨後將討論觀察者間信度）。雖然一般期望有二個獨立的觀察者，在研究的這個階段中，這個要求比較不可能或未必很需要。接著，研究者應分析資料，以決定確實的標的行為和如何記錄它。一般而言，要討論可能的自變項或介入處理。當完成研究的這個階段，研究者必須清楚定義一個標的行為、如何記錄它和如何決定測量

的正確性。例如，一般人可能關心的是個體太具有攻擊性。
然而，攻擊行為可分成好幾種型態和包括好幾種行為（例
如：打人、作威脅的手勢、說威脅的話），軼事記錄可用更清
楚的定義（操作性定義），來界定什麼是個體的攻擊行為，
Barlow 和Hersen（1984）強調操作性定義應該是：

只涉及標的行為之觀察特徵；應避免提及意圖、內
部狀態和其他個人事件。清楚的定義是指不含糊、容易
瞭解和解釋。一個完整的定義包括行為的範圍，使一個
觀察者能與其他相關的行為區分出來。 （p. 111）

因此，它可以更清楚地如何記錄攻擊行為（如頻次）和
誰應該記錄標的行為以及如何決定觀察者間信度。攻擊行為
的前因和後果的研究可以使我們洞察到在攻擊行為中如何產
生改變（例如，其他行為的區別增強）。Zirpoli 和 Melloy
（1993）指出軼事記錄可以協助確認維持不適當行為的事
件、未被增強的適當行為、需要學習的社會技巧和需調整的
環境條件。軼事記錄必須系統化，但軼事記錄本身可能無需
要求觀察者間信度方面，感覺上較少嚴密性。無論如何，在
所收集到的資訊上之一致性是非常令人渴望的。研究者能完
成這個的一個方式是將所關切的事件錄影（或如果適當亦可
用錄音）。雖然錄影機的出現可能會引起反應，但錄影帶是
永久的成果，可以更方便作分析及實際地無限制的頻次和無
限制的個體數。這可以幫助確保正確性。

二、以事件本位記錄和報告行為的方法
(Event-Based Methods for Recording and Reporting Behavior)

　　如同前面所述，有二種測量程序，第一類是以記錄行為的事件方法來分類（一般所關心的是標的行為的頻次、正確性或強度）；第二類是以記錄行為的時間本位方法來分類，我們將開始討論這些與那些一般考量事件方法的特定方法。

(一) 永久的成果 (Permanent Products)

　　就如剛剛所建議的，永久的成果資料可以透過錄影和錄音的使用來蒐集。也有使用其他種類的永久成果來記錄標的行為。在學校的環境中經常使用紙筆的永久成果方式（或打字或文書處理）來決定教學介入是否能產生想要的結果。可分析永久的成果的有頻次（行為多久出現一次）、累積的反應（反應的總次數）、比率（在一段時間內的反應次數）、達到標準的試驗（所需要的反應次數，直到達成標的行為的表現標準）、型式（行為出現的正確率）、大小（行為的強度）和正確的百分比。永久成果具有允許隨後的分析和通常可重複回顧分析的優點（Alberto & Troutman, 1999）。其缺點是無法觀察個體是否確實執行標的行為。例如，個體可能在忙於解決寫字的問題。研究者可能決定記錄正確反應的百分比。如果記錄個體的表現是基於紙筆成果，並在事後分析，研究者可能無法實際地看到個體正在做的事（例如，所

作的錯誤爲何，出現的困惑爲何）。當然，一位研究者或實務工作者也可以直接觀察個體完成永久的成果。正確的百分比，經常和紙筆的永久成果一起使用，是在學校環境中較常使用的測量之一，而其他的每一種可能性也將在後面加以討論。

（二）正確的百分比 (Percent Correct)

正確的百分比的決定是藉由構成正確和不正確反應所決定。然後觀察者決定這些反應分配到每個類別和比較其比率，以確保適當的一致性。可由下列方式計算個體反應的所有正確的百分比：

$$\frac{\text{正確反應次數}}{\text{正確反應的次數 + 錯誤反應的次數}} \times 100\%$$

技術上而言，我們討論報告行爲的方法勝於對某一特定的記錄程序。研究者亦希望能簡短的報告正確和/或不正確的反應次數。當執行標的行爲的機會次數未改變時，可以使用這個方法（例如，個體經常要解決20個寫字問題）。也就是，研究者可在星期一記錄15個正確反應，星期二有17個，和星期三有18個正確反應。由於通常有20個機會，我們可以很容易的比較個體這三天的表現。假如機會的次數是變動的，必須使用正確的百分比，如此一來，當有20、25或30個機會時，我們可比較這幾天的表現。否則，可能會誤導這幾天內正確次數的比較（例如，20次中有19次正確可能會實際

地表現得比30次中有25次的正確還要差，因為在全部正確反應的總數中25次比19次多）。

　　我們建議在一個觀察時段中，最少要有10次，最好有20次的機會，可使用計算百分比的方法和報告其正確率，來當作一個指引（Wolery, Bailey, & Sugai, 1988）。反應次數少於10次，若不正確的反應一直出現，容易在計算百分比中，產生太大的波動。例如，一個學生在5次反應中有4次正確反應，得到80%的正確率。在5次可用的機會中，減少他的每個不正確反應的20個百分點之正確率，他可以達到100%。當機會次數從一個時段到另一個時段變動時，必須使用正確的百分比。請看附錄中的圖3-2和3-3，正確和較簡單的正確反應數目方法記錄單之說明。（Wolery et al.1988）也強調正確的百分比並不提供所觀察的事件之絕對次數、機會的總次數或時間的總長度，但可增進速度或流暢度，但是有100%正確率依然是良好的表現（Wolery et al., 1988）。

　　我們所討論之永久的成果主要是在已寫下的反應。然而，如同所指出的，錄影和錄音亦是永久的成果，同樣地可被分析。例如，語言治療師可能希望分析從一段文章中正確閱讀字的百分比。她可記錄孩子的說話和決定閱讀字的正確的百分比。最後，讀者必須知道運用正確的百分比是為了記錄表現，對於使用在永久成果的資料上，並沒有受限。

觀察者間信度（Interobserver Reliability）

　　為了方便起見，我們選擇將在第4章〝在單一受試者研究的議題〞中討論如何訓練觀察者。並將聚焦在計算觀察者間信度的技術上。

　　爲了計算觀察者間信度，必須有二個觀察者記錄正確反應的百分比（或當機會保持固定時之正確的反應次數）。然後比較二位觀察者的記錄來決定一致性的百分比。這必須要藉由檢查標的行爲的每次出現和比較每位觀察者如何記錄反應（例如正確或不正確）來完成。在此，我們將用（＋）表示正確反應，用（－）表示不正確反應或未出現的反應。比較每次的出現率是很重要的。在以下的例子中，若我們僅比較每位觀察者所記錄的正確反應及不正確反應，我們會發現每一位記錄8個正確和2個不正確反應。理論上來說，研究者可能應達到100%觀察者間信度。然而，假如我們更小心地檢查觀察者的記錄，我們發現並不是這回事。實際上，觀察者在第3、7、9和10題上不一致，產生了四個不一致。個體反應在第1、2、4、5、6和8題上之正確/不正確看法一致。一般而言，90%或更高的觀察者間信度是令人渴望的，70%-89%是適當的，70%以下會被懷疑觀察程序是否穩定、公正和嚴謹的（Zirpoli & Melloy, 1993）。

```
機會       1  2  3  4  5  6  7  8  9  10
觀察者1    +  +  －  +  +  +  －  +  +   +
觀察者2    +  +  +  +  +  +  +  +  －   －
```

$$觀察者同意度 = \frac{同意的題數}{同意的題數 + 不同意的題數} \times 100\%$$

$$\frac{6}{6+4} \times 100\% = \frac{6}{10} \times 100\% = 60\%$$

　　後面許多記錄事件方法，雖然常單獨地使用，也可用於永久的成果。

（三）頻次 (Frequency)

　　頻次是指在一個觀察時段內記錄出現反應的次數。此觀察時段的長度需要維持穩定。例如，如果個體在一個30分鐘的觀察時段內出現4次反應，就不可以和1小時時段內出現4次反應作比較。請參考附錄之圖3-4，測量頻次的記錄單說明。頻次經常使用於單一受試者研究中，而且是一種相對地簡單的記錄程序。然而，當作一些準則，頻次應該用在持續的時間內相對較短時間之標的行為（譬如每次的反應過了幾分鐘尚未呈現時），容易觀察和計算（譬如不會經常出現錯過許多次的反應或計算時會很困難情形），當出現的標的行為，經常可以測得顯著的改變（譬如一天超過一次或一週超過一次的反應；Alberto & Troutman, 1995; Zirpoli & Melloy, 1993）。當行為是如此地嚴重，以至於任何的出現都是不適當的，可撤回最後的準則（例如，對自己或他人有嚴重的身體傷害），但是在這些個案中，計劃的目標應該是達到零或非常低的反應率。亦即，必須不要限制或控制引發標的行為的機會（例如，個體在觀察中，可引發行為勝於只有一些特定的機會產生標的行為）。決定頻次記錄的觀察者間信度是藉著二位觀察者個別地記錄出現的次數和比較這些數字。一般而言，一位應該比較每個反應如同在正確的百分比中，雖然這種情形不經常出現。對觀察者而言，比較記錄和討論他們記錄的時機和內容，將是值得的。假如記錄每次反應出現的時間，然後一個出現接著一個出現的比較是可能的。否則，若記錄明顯的不同頻次，然後每位觀察者可能嘗試決定為何記錄她或他做了什麼，什麼是正確的記錄和在未來如何避免不一致的結果。

決定頻次的觀察者間信度如下：

觀察者1：9個記錄的反應
觀察者2：10個記錄的反應

$$\frac{較小的反應次數}{較大的反應次數} \times 100\% = \frac{9個反應}{10個反應} \times 100\% = 90\%$$

假如當反應出現時就知道有不一致，研究者可由比較觀察者記錄中的出現率而運用更嚴謹的方法加以控制，在這個個案中，研究者可使用下列的公式：

$$\frac{同意的次數}{不同意的次數＋同意的次數} \times 100\% =$$

（四）比率 (Rate)

比率是測量頻次的一種與觀察期間的長度直接地相連結。當觀察時段在長度上變動時，比率比頻次更適用。決定比率是藉由觀察的反應次數除以觀察的長度（長度一般用每分或秒中所出現的行為或反應來表示，但是可包含幾小時或甚至較長的期間）。

觀察者1：10次反應
觀察長度：20分鐘

$$比率 = \frac{反應的次數}{觀察的長度} = \frac{10次反應}{20分鐘} = .50反應/分$$

在附錄的圖3-5的記錄單中，有比率記錄的說明。有時使用比率在較高的頻次行為，以至於在經過延長的時間期間中，正確地計算其頻次將是困難的。例如，個體的臉部肌肉抽搐可成為所關心的行為。然而，假如頻次將達到一個大的反應次數或觀察時段的長度是變動的，在經過一節課的期間，所計算的其反應次數將會變得相當困難。在此情況中，研究者可以記錄在較短的觀察期間的反應次數並決定在這個時段內的比率（例如，在那節課的10分鐘）。這些縮短的觀察期間需要變動，以確保觀察個體所出現的反應次數並不是最少出現部分。若如此，在相對於時間的觀察上，比率變成一個頻次的估計（estimate）勝於實際頻次的測量。這樣可以節省時間，但在描述標的行為的實際頻次時會較缺乏精確度（例如，5分鐘的觀察時段內可能出現4次反應，隨後在下一個5分鐘當學生沒有被觀察時，出現10次反應）。研究者以比率估計頻次時，必須小心地使用，以真實的反映所有的行為比率。比率的觀察者間信度是由頻次來決定，當然，兩個觀察者必須在相同的觀察期間內記錄反應，所以不用計算時間。然而，研究者應該要瞭解，假如實際地在縮短觀察期間，比較長之觀察期間產生比較好的觀察者間信度。在這種個案中，它代表著在記錄程序中或在標的行為的操作性定義上，需要作一些變更。

（五）達到標準的試驗 (Trial to Criterion)

達到標準的試驗是指測量個體所需的反應次數，以達到一些可接受的表現之先前設定的程度（標準）。達到標準的

試驗不需要在每一個時段可用的機會次數相同。次數可能會變動,當個體在一些時段可能比其他時段較快達到標準。例如,老師可能與個體一齊做建築技術而其標的行為是將釘子釘入木頭中。老師可能記錄學生在成功地完成工作之前,在揮動槌頭上需要多少次的努力。請參考附錄中的圖3-6,有達到標準的試驗之記錄單。一般而言,使用達到標準的試驗,是為了獲得一個關於個體要如何快速地得到一個技巧的概念。當需要的試驗較少時,假定為學習出現較快或回憶知識較快(Cooper, Heron, & Heward, 1987)。Cooper et al. 亦指出此方法在決定何種教學型態在最少試驗次數時,可能是有用的,會影響表現標準。研究者會報告給予個體多少次的機會和達到什麼樣的標準。這個標準可能是最後的標準(例如,在一個四句的文章段落中無錯誤)或在每一時段中的一套標準(例如,說出聲音以s開頭的一些預設的字)。決定達到標準的試驗之觀察者間信度,和決定頻次是相同的方法,除了研究者由記錄的較小的試驗次數除以記錄較大的試驗次數勝過除以反應次數。當不管是否曾經達到標準,如果有不一致時(例如,一位觀察者認為已達到標準,而另一位觀察者記錄完全沒有達到),接著研究者必須用較小的記錄標準(例如,80%正確或10個步驟有8個正確地完成)與較大的標準作比較(例如,100%正確或10個步驟有10個正確地完成)。當個體確實獲得標準程度,而有不一致時,研究者必須立即提出這個問題,以確定所有的記錄者都瞭解決定標準的規範。否則,隨後的資料在運用於判斷表現時會令人存疑。

（六）累積的記錄 (Cumulative Recording)

　　累積的記錄類似於標準記錄的〝最後的〞工作。在累積的記錄中，你可以記錄和報告跨越每個觀察階段到完成的最後階段所出現的反應總次數。也就是說，將在一個給予的觀察期中所觀察的出現次數，加入所有觀察期的出現總次數到那個點之後，畫在圖表上 (Alberto & Troutman, 1995)。例如，個體從事賣糖果以募集學校旅遊基金，此時需要保有所有賣出物品的所有記錄。在附錄中的圖3-7，有累積的記錄之樣本記錄單。可建議使用柱狀圖或x-y軸圖呈現累積總數，當它隨著每一個觀察期變更時，可以報告結果。決定觀察者間信度和頻次所用的方式相同。也就是說，在一觀察期間，記錄較小的反應除以記錄較大的次數。

（七）時距記錄 (Interval Recording)

　　偶而地，依變項或標的行為可能經過一段延長的時間，以高頻率的水準出現，即使使用比率測量也無法加以測量（例如，產生非常快速的自我刺激行為）。在這種情形下，研究者可選擇使用時距記錄。時距記錄包括估計反應頻次和運用一個確保大部分估計是正確的方法。在時距記錄中，行為的出現與否是記錄在跨一段較長的觀察時段裡，很短的時間時距，然後研究者可使用部分和全部時距記錄或瞬間時間取樣方式，報告記錄的目標行為在時距中所出現次數。

1、全部時距記錄（Whole Interval Recording）

在全部時距記錄中，觀察者將觀察期間分割成許多相等的時距（例如，一個10分鐘的觀察時段分割成60個10秒的時距）。若出現標的行為，然後觀察者記錄在整個時距期間。例如，研究者可能關心搖擺的自我刺激行為。如果搖擺的自我刺激持續著整個時距，觀察者就記錄一個出現。如果在時距一開始時搖擺沒有出現，或在時距期間內之任何時間不持續，則記下未出現。很清楚地，使用這個系統時，搖擺可能出現，但是可能沒有被記錄。因此，可估計頻次。當標的行為有一階段的時距時（或在夠長的時間期間出現），要選擇全部時距記錄，這樣的例子應該減至最少量。同樣地，標的行為應該是研究者至少在間距長度裡主要關切的事件（或部分事件）。假設上述的搖擺行為若未被別人打斷，出現通常持續數秒鍾和有時候在整個數分鐘。同樣地，當個體只有偶然的短暫搖擺並未出現干擾其他活動，研究者應選擇全時距記錄作為較完整的記錄方法，並忽視在絕短持續期間中，較不重要卻干擾典型日常活動的事件。研究者必須確定每個觀察期間有相同的時間長度，而且所關切的標的行為出現的時間長度應超過典型的觀察期間（譬如觀察期間有10分鐘長度，但在所關心的觀察時段內出現一小時的標的行為），然後研究者須更動一天的觀察時間以涵蓋發生標的行為的期間，理想上，相同時間長度可用於每天所關切的標的行為的全部期間，雖然實際上這並不常有。

全部時距記錄也可以提供持續時間的估計（參考〝持續記錄〞，〝Duration Recording〞）。記錄的連續間距出現的次數，可估計行為的出現有多長（例如，所記錄之五個連續10秒時距的出現，將指出引發的標的行為持續至少50秒，但是仍然沒有確實地測量正確的持續時間）。在全部時距記錄

中，研究者必須確保記錄方法沒有僞裝地低估實際的頻次，作爲觀察時距長度的結果。也就是，假如這些時距長度比大部分標的行爲的引發還長，當確實地引發標的行爲時，可記錄許多未出現的行爲。可參見附錄中圖3-8裡使用時距記錄的記錄單之說明。與部分時距記錄做比較，全部時距記錄有點像低估實際的頻次（Alberto & Troutman, 1990）。

在全部時距記錄中的觀察者間信度是基於一個時距接著一個時距之一致性的估計，也就是，應該比較每個時距中之每個觀察者的出現或未出現的記錄，然後，全部的同意次數除以全部的同意次數加上不同意的次數。以下是一個例子，在這裡＋代表標的行爲的一個出現，－代表未出現。

```
間  距： 1 2 3 4 5 6 7 8 9 10
觀察者1： ＋ ＋ ＋ － － － ＋ ＋ － ＋
觀察者2： ＋ ＋ ＋ － － － ＋ ＋ ＋ －
```

$$\frac{同意的次數}{同意的次數＋不同意的次數} \times 100\% = \frac{8}{8+2} \times 100\% = 80\%$$

注意每位觀察者記錄總共出現六次標的行爲。如果研究者報告每個觀察者記錄六次出現和四次未出現，將會給予一個錯誤的印象，雖然技術上而言是事實。這將會給人一個印象，即獲得100%觀察者間信度。事實上，達到一致的只有在間距1、2、3、4、5、6、7和8。出現不一致的是在間距9和10。因此，實際獲得的較低之觀察者間信度是80%。在這個原因下，爲了記錄必須使用一個時距接著一個時距的比較方法用於全部時距、部分時距和瞬間時間取樣過程。

2、部分時距記錄（Partial Interval Recording）

　　部分時距記錄和全部時距非常類似，只是有一個明顯的例外（全部時距記錄的樣本資料單也可用於部分時距記錄）。在時距中的任何點上，若表現出標的行為時，就要記錄出現。例如，學生在開始的一個10秒時距沒有搖擺，在3秒後，他擺動了5秒鍾，而在結束的最後2秒未擺動。因為標的行為在時距內確實出現，將可以記錄出現（全部時距記錄將會導致沒有出現，因為標的行為在時距的時距內未出現）。因為使用部分時距記錄相對於全部時距記錄之記錄出現方式相似，研究者可能較喜歡這個方法當作頻次的較好估計。無論如何，部分時距記錄也可以建議行為的時距大於它的實際情形，特別是在時距中若標的行為只有出現短暫的時間。研究者必須注意這種區別以避免誤導他或她的資料。部分時距記錄並不估計時距。事實上，個體可能在實際觀察期間之很小的百分比引發標的行為，但是仍然記錄時距觀察的100%。例如，前面所提到的非常短的搖擺事件，將會被記錄於部分時距系統。當標的行為出現時，其結果是記錄很多的連續間距（例如，每10秒間距中的1秒），雖然個體實際上只有在一個相當小部分的時間內，被觀察到搖擺。因此，在獲得頻次的較高估計上，部分間距系統是較令人喜歡的。換句話說，當觀察者必須記錄間距內之任何行為的例子時，必須選擇部分間距記錄。全部間距記錄，必須使用在當研究者希望記錄那些主要的行為的出現，在整個間距長度或更長時間之反應。同樣地，全部間距記錄典型上是比較容易的，觀察者不喜歡失去必須出現在整個時距長度中的一個出現。在部分時距記錄中，一個分心能導致一位觀察者沒有看見一個非常短時距的反應。以使用搖擺行為的例子來說，如果我們希

望得到最好的估計關於多久出現搖擺一次，我們將可以使用
部分時距記錄。無論如何，假如我們希望估計在所選擇的數
秒內所出現的搖擺（例如10秒或更長），我們將可以選擇全
部時距記錄。部分時距記錄的觀察者間信度之計算方式與全
部時距記錄相同。

3、瞬間時間取樣（Momentary Time Sampling）

　　瞬間時間取樣是第三種使用時距為基礎的系統方法，用
來估計標的行為的頻次。在此系統中，在一個時距的最後，
不管行為是否在那時刻出現，觀察者看到（或聽到）學生，
並且記錄下來。瞬間時間取樣可能是以時距為基礎的記錄系
統中最容易運用的，但是假如時距是長的和相對地較少時，
可能會產生最粗略的估計。如同其他二種方法，將觀察期間
分割成許多時距，但是應該夠短以確保標的行為之反應不會
經常漏失。在記錄出現在一些持續時間勝於快速地出現之標
的行為時，使用瞬間時間取樣是比較適當的。例如，研究者
可能用操作型定義一個適當的遊戲之標的行為。當個體參與
遊戲活動之20分鐘期間，研究者可分割觀察期間成20個1分
鐘的時距。在每一分鐘的最後，研究者記錄在那時刻適當的
遊戲之出現或未出現，假如適當的遊戲行為出現在瞬間觀察
之前或之後，但是沒有出現在那瞬間，則將記錄未出現。
相反地，如果個體並未在大部分逝去的時距期間參與適當的
遊戲，但是在瞬間觀察時有適當的遊戲時要予以記錄。在附
錄的圖3-9中，有瞬間時間取樣的樣本記錄單。如果這個觀
察次數是足夠的，且標的行為典型出現在最少時距的長度和
更長，這個系統可產生一個可信的行為頻次估計（但並不是

持續時間的估計）。觀察者應注意到如果時距太長，則系統會明顯地低估標的行為的頻次。觀察者間信度的計算與全部時距記錄方式相同。

瞬間時間取樣的一個優點是可同時蒐集一個以上的個體資料。例如，可觀察第一位個體在30秒、90秒、150秒等等，同時可觀察第二位個體在60秒、120秒、180秒等等。我們將在時距記錄系統的討論中，加入一個最後的註解。這些不可以與時距或持續時間增強系統混淆。這些系統可以同時被使用，但不強求。觀察時距系統與依賴時距或時間的時持續時間之增強系統沒有直接的關係。

（八）大小 (Magnitude)

大小是指行為的力氣、力量或強度（Cooper et al., 1987），例如，一位語言臨床工作者會關切個體聲音的高聲，而需要去測量音量。使用大小記錄時，研究者要決定將要如何測量強度的程度或行為的大小。用機器可以清楚地測量變項（例如分貝），比人為判斷有較少的主觀性，假定測量工具具有適當的工作順序和準確的刻度時，將不需要觀察者間信度。然而，使用人為的觀察是可信的，雖然這些應用可能受到限制（Cooper et al., 1987）。例如，一個個體學習體育技能時，以可信的觀察來決定一個球棒打擊一個球是否夠用力，而離開棒球場的內野。在聲音音量的例子中，可用可信的測量來標的行為，藉著有正常聽力的人站在5呎外，是否注意到聽見他的聲音。當使用一個物理的物品決定依變項的程度時，有些專家會考慮用這種測量的方式，可作

Single Subject Research

為一種永久的成果系統。例如，測量使用螺絲起子的強度，可由檢驗裝配物件來決定螺絲是否鎖緊。但沒有典型的適用之大小記錄的資料單。研究者希望判斷不管是否達到所要求的大小程度。它的資料單和記錄正確機會的百分比或運用達到標準的試驗非常類似。觀察者間信度也是用同樣的方式。

（九）型式 (Topography)

　　型式是指正確執行行為或它看起來像什麼。Cooper et al.（1987）認為反應的型式如同行為的方式或形狀。再者，研究者必須小心地定義標的行為的表現之例子和非例子表示什麼。型式可如同塑造的依變項和自變項一樣被配對（參考第二章）。如同大小一樣，在使用型式當作為一個依變項時，實際的挑戰是決定標的行為之例子和非例子表示的是什麼。如果使用永久的成果（例如：紙筆、錄影），這個過程較簡單。然後，二個或更多的觀察者可互相單獨地檢驗成果以獲得這方面的一致。例如，如果研究的目的是增進手寫技能之介入效果，可使用紙的成果以測量手寫的型式。假如個體為了學得語音的語調，從事細微的口語動作，然後，錄影及/或錄音可以協助決定是否做出正確的動作。運動的技能發展是另一個清楚地運用型式的領域。在其他情形下，藉著協助個體去改變他的或她的行為型式，可發展安全及/或效率（例如，提重物）。如同大小一樣，決定行為的型式是否正確或不正確，與正增強之給予（或不給予）相關連。Cooper et al.（1987）建議記錄型式可用反應的頻次、比率、百分比或時距來表示。如同大小一樣，沒有典型的資料

單可使用，但是研究者希望能建構一個資料單，能觀察和記錄機會的次數，和正確的型式，和機會的全部次數做比較（如同在正確機會的百分比）。決定觀察者間信度和其他報告方法一樣。達到標準的試驗和相同程序的觀察者間信度亦可用於決定在記錄正確的型式之前所需要的機會有多少。

（十）協助記錄之程度 (Level of Assistance Recording)

協助的程度是指個體完成一個工作或部分的工作所需要的協助程度。Wolery et al. (1988) 強調有些個體缺乏某些程度的協助將出現不正確的反應。這種型式的記錄經常與工作分析（將技能分解成更容易學習的小單元的過程）配對。就某方面來說，這種型式的記錄有一點與其他的記錄不同的是在於觀察者記錄他或她自己的（或一個介入者的）行為，當作依變項，相對於直接記錄個體的反應。例如，個體學習自己穿衣服的技能，遵照著小心定義好的過程中之每一個步驟（工作分析）。其依變項是老師所提供的協助程度（例如身體協助、口語提示）。當要求較少的協助時，就假定個體逐漸趨向獨立地穿衣服。由於這個原因，觀察和記錄協助的程度，需要研究者執著地堅持，避免所使用的協助系統內有任何偏差，以確保協助程度的傳遞是持續的（例如，適當地撤除或增加）。觀察者間的一致之計算與正確的百分比方式相似。也就是，研究者將所傳遞之協助程度的一致性次數除以一致的次數加上不一致的次數乘以100%。

工作分析記錄（Task Analysis Recording）

　　工作分析記錄和協助記錄之程度有些相關，它將所要學習的行為略述要點為一連串清楚的步驟。在工作分析記錄上，可使用達到標準的試驗在於當研究者希望記錄要完成的標的步驟，所需要的機會或試驗有多少。例如，個體在學習說出完整的句子，研究者希望協助個體在學習說話時，能逐漸地說得更長和更複雜的句子（其步驟已經很清楚地被定義）。然後，觀察者可記錄個體達成每一步驟需要多少次的機會或者可選擇記錄所要求之協助程度。同樣地，研究者可能關切在每個步驟中所定義之行為型式或大小。若如此，可以使用這些記錄的型態。在附錄之圖3-10中，提供在工作分析標的行為中的協助程度之記錄的例子，這是工作分析常見的方法。Wolery et al.（1988）亦指出可根據執行每一步驟的機會次數，記錄正確反應的次數或正確反應的百分比。計算觀察者間信度與協助記錄的程度、達到標準的試驗、型式等相同。

 ## 三、以時間本位記錄和報告行為的方法
（Time-Based Methods for Recording and Reporting Behavior）

　　雖然許多專家將時距記錄系統歸類為時間本位，而我們選擇將之歸類在事件記錄之下。我們這樣選擇是因為我們相信所有時距系統可估計頻次（如前面所說在全部時距記錄中時距之粗略估計）。在以下的記錄系統中，所關切的是行為

出現，時間長度或讓標的行為開始時花的時間有多久。因此，所關切的是時間本身的測量。在時距記錄系統中，使用時間以決定何時和如何記錄觀察，但是時間本身並不被記錄為測量標的行為的變項。

（一）持續時間記錄 (Duration Recording)

　　持續時間記錄包括測量從行為開始到終止的時間長度。一般而言，使用持續時間記錄在當行為出現之時間長度（不是較長就是較短），是主要關切的事，勝於多久一次出現行為，雖然在持續時間記錄中也可決定頻次。例如，小心地定義發脾氣行為是所關切的行為。觀察者記錄每次發脾氣持續多久。因此，時距和頻次二者都是可用的。這個方法允許研究者決定全部的持續時間（出現發脾氣的所有時間），每次出現的持續時間（每一次事件之標的行為所花的時間量），或每一次出現發脾氣行為的平均時距（所有出現發脾氣之標的行為所花的總時間除以出現的次數）。同樣地，研究者可報告所觀察的標的行為時間的百分比（全部持續時間除以所有觀察的時間）。若沒有關切行為的頻次，觀察者可以簡單地記錄時距，只保留全部持續時間的記錄（例如，小心的定義安靜讀書所花的時間）。觀察者可以使用一個計時器，在行為開始時記錄，並在行為終止時將計時器停止。當行為再次開始時，計時器又再次開始記錄（但是並不歸零），重複著這個過程。在觀察期間的結束時，在計時器內的總時間就是全部的持續時間。這個方法比持續時間/每次出現的方法產生比較少的資料（例如，沒有頻次、每次出現的持續時間或平均持續時間），但是可能比較容易應用。可能使用

這個方法的一個例子是記錄一週期間內，每天用於讀書上所花的全部時間。如果單獨蒐集全部持續時間資料，就可以決定花多少時間在讀書上，但不是每次出現讀書時所花的時間量。在附錄之圖3-11中有記錄持續時間的一種型式之說明。兩位學生可能各花4小時讀書，一位可以在一個時段完成這個持續時間，而另一位可能花八個時段。值得注意的一點是與自變項的應用有關。研究者必須注意切勿人為地改變持續時間，因為不允許標的行為出現（在持續時間計畫中的一個縮減），或對個體是唯一可用的選擇（在持續時間計劃中的一個增加的個案中）。例如，當離座行為代替就座行為時，研究者喜歡用報應關係來處理這個事件。因此，介入可使離座所花的時間減少（例如，不允許繼續）。因此，研究者希望在某些情況，記錄一個替代的及/或標的行為的頻次勝過於持續時間。計算持續時間記錄的觀察者間信度如下（觀察者的記錄等於每分鐘表示的持續時間）：

出現標的行為： 1 2 3 4 5 6 7 8 9 10
觀 察 者1： 7 3 4 6 4 8 2 7 3 6
觀 察 者2： 7 3 4 6 4 8 3 7 4 6

$$\frac{記錄的較短時間}{記錄的較長時間} \times 100\%$$

在以上的例子中，觀察者間信度實際上可以用二個方法來決定。在較保守方面（和較可接受的方法）中，將可決定每次出現之觀察者間信度。除了第7和9次外，在所有的出現的觀察者間信度將達到100%。在第7次出現將會產生66.66%

的信度（2除以3×100%），第9次會有75%的信度。在這個案例中，研究者應該報告每次觀察的一致發現，她或他也可以包括所有持續時間的一致性。第一位觀察者將會得到一個50分鐘的全部持續時間。第二位觀察者將會記錄52分鐘的持續時間。全部持續時間的觀察者間信度將會是96%。這可以提供非常好的觀察者間信度，但也會有一些誤導，因為實際上的一致，少於這個數字約20%的出現率。

（二）延宕記錄 (Latency Recording)

　　延宕記錄包括測量從傳遞引發標的行為的前因刺激，到標的行為的確實開始的時間長度。例如，老師可能希望減少所花的時間使學生開始工作（這是操作型定義）。所關切的是學生浪費教學時間，老師說，〝開始工作〞（前因刺激），並記錄要花多久時間學生才確實地開始工作。延宕時間是從前因的傳遞到開始工作的期間。在這個案例中，所希望的結果是減少延宕的時間。在其他案例中，有可能是希望增加延宕的時間。例如，如果所有的目標是減少衝動的行為，標的行為可能是在特定的情境中，產生行動之前的等待。在這個案例中，所希望的結果是增加介於前因的傳遞和標的行為的出現之間，能增加時間的長度（例如，介於侮辱的傳遞到被侮辱的個體採取行動之間的時間）。在附錄之圖3-12中，有一個潛伏記錄單的例子。和持續時間一樣，延宕可由出現率或全部的延宕來記錄。計算觀察者間信度與持續時間記錄，使用相同的方法。

四、關於這些方法的一些評論
(A Few Words About These Methods)

到目前為止,我們著重在將量的測量運用於應用行為分析和單一受試者研究中。研究者可能也希望考慮其他的測量,更可以進一步提昇他或她的能力,以解釋和瞭解單一受試者研究設計的複雜結果。最後,我們將在第13章討論質的測量。

記錄行為的方法並不限於我們所討論的這些方法,雖然經常在文獻中可以發現這些測量和變動。研究者應該調查類似之測量的研究與那些預期會使用到的研究。如同設計本身,在文獻中經常不是容易地包含有〝純粹〞的例子,所以研究者必須在研究的個案、環境和目標上作研究程序的調整。

研究者也必須關心記錄程序如何和所使用的介入作密切的配合。例如,研究者可能要改善個體不流利說話。也確認和一個特定的介入處理。現在研究者必須要決定將如何平衡介入和記錄程序。研究者接下來可以使用以事件為本位的方法記錄標的行為。

研究者在剛開始時,可以用軼事記錄以取得重要的資料,可幫助確認產生不流利說話中的許多變項。這些資料也可以幫助對不流利說話作操作性定義,以及比較喜歡用什麼樣的介入種類。一旦完成這些工作,研究者就可以決定要用什麼記錄程序。

若研究者對獲得記錄和分析個體不流利說話感到興趣,然後,她可以使用錄影或錄音以作為永久的成果。在這個個

案中，正確的百分比可能不適用，但是如果，例如，在每一個觀察中，給予個體一些說話的機會，然後可以記錄不流利說話事件的百分比。介入的目的是減少個體出現不流利說話事件的百分比。

假如研究者經過一整天或特定的時間的期間觀察個體，她可能喜歡使用頻次記錄。無論如何，如果觀察期間有變動（並且無法控制機會次數），然後她可以選擇使用比率。研究者可以設計一個介入方法目的是減少不流利事件的次數或比率。

如果研究者的目的是在協助個體在一特定的事件中能達到流利說話，此時可以選擇達到標準的試驗的記錄。以測量在達到標準表現之前需要有多少次的機會。在這個例子裡，很難用累積的記錄來處理。

假如個體出現相當高的說話不流利的頻次或很難用一些特定的反應測量（例如，不流利說話和流利說話經常地混合），然後，研究者可以選用時距記錄。不論她使用全部或部份時距，或瞬間時間取樣，她的所有目的是在減少出現不流利說話時距的次數。這也提供在觀察程序上不僅可以用視覺，也可以用聽覺去觀察的範例。

大小的記錄方法比較不適用在這個案例中，但如果個體在不流暢的期間，說話的音量也有所變化，也可以用大小的記錄方法，在這個案例中，研究者所希望的是幫助個體不是增加就是減少說話聲音的音調和音量。

如果不流利說話導致誇張的身體動作或臉部表情時，研究者可以測量這些反應的型式，以測量典型的身體或臉部表情的增強型式。

例如，如果個體在每次出現不流利時，可採取特定步驟

的協助程度或工作分析的記錄方法。研究者可以測量完成每一個步驟所需要的協助量有多少。在這個個案中，所有的目標將會是使個體在很少或沒有協助的情形下執行這些步驟。

研究者也可以使用以時間為本位的程序，記錄標的行為。可使用每一個出現的持續時間以記錄測量不流利說話多久出現一次，不流利所花的全部時間有多少，以及每一個事件的平均持續時間是什麼。記錄在不流利說話時單獨所用的總時間量。在這個案例中，介入的目的是減少使用不流利說話的時間長度（當測量每一個事件或全部的持續時間）。

我們假設當個體被要求說某個聲音或字時，因受到阻礙導致不流利。研究者可測量介於停止說話（在聲音或字的前因出現時）和恢復說話之間的延宕時間。在這個個案中，介入的所有目標將是減少不說話所花的時間。

這些例子目的是呈現給讀者，在相同的標的行為和不同的介入目標下，使用許多不同的程序。這些記錄行為方法的知識是很重要的，但是研究者必須能調適和調整這些方法，並能與其他可能的測量方法組合（例如，質的測量），並確認他們能精確地反映個體確實所出現的事件。這個最後的一點可能是最重要的。蒐集資料的最終目標是聚集所有的報告並分析之，以說明出現在相關的個體上之故事。量的方法應該對那個故事賦予客觀性。那是使用這些量的測量之優點。然而，如果研究者不能測量關於個體所經歷的改變，什麼是確實重要的，那個客觀性是空洞的。如果其他的方法對測量實際的結果可能更有意義時，信度是必需的，但是研究者不必主要地選擇方法，因為他們比較容易產生和更確定信度。例如，瞬間時間取樣方法可能是非常可信的，但是可能無法確實地呈現在標的行為上改變的真實本質。

在下一章，我們強調許多議題，讓研究者在設計研究和確定道德行為和處理時，必須考慮。記錄標的行為的方法是那個過程中不可缺少的一個部份，但是不能從關於使用的處理之決定和許多其他的變項中分開。在第四章，我們討論單一受試者研究的相關議題。

摘要檢核表
(Summary Checklist)

軼事記錄（Anecdotal records）--
是指記錄出現在環境中和包括個體本身的前因、行為本身和行為的後果；經常使用於確認和定義標的行為及介入。

記錄和報告行為的事件本位方法（Event-based Methods for Recording and Reporting Behavior）

永久的成果（Permanent products）--
這些是永久的資料型式，可以重複地回顧（例如，紙筆成果、錄影或錄音）。

正確的百分比（Percent correct）--
使用於當執行標的行為的機會次數從一個觀察到另一個觀察可能變動時。

觀察者間信度（interobserver reliability）--
　　兩個或更多的觀察者單獨地和同時地記錄標的行為；隨
　　後，比較結果以決定標的行為是否可信地被測量；信度
　　的計算會因記錄行為所使用的方法而有不同的計算。

頻次（Frequency）--
　　使用於當行為能被容易地計數和觀察長度是固定的；執
　　行行為的機會必須不是一個控制的數字。

比率（Rate）--
　　當作頻次記錄使用，除了觀察的長度變動時；計算和報
　　告每個時間單位的反應次數（例如，每分鐘的一個反
　　應）。

達到標準的試驗（Trials to criterion）--
　　使用於測量事件（標的行為的出現）當研究者希望決定
　　達到表現的標準程度時所需要有多少次的機會。

累積的記錄（Cumulative recording）--
　　使用於當發出的總計次數是主要的重要性時。

時距記錄（Interval recording）--
　　在觀察個體時，使用一個期間，將之分割成時間的相等
　　間距，來估計標的行為頻次的方法；不可與增強的時距
　　時制混淆。

全部時距記錄（Whole interval）--
　　提供頻次的較小估計；只有記錄若在整個時距內都出現
　　的行為。

部分時距記錄 (Partial interval) --
提供頻次的較大估計；記錄如果在時距中的任何點引發的行為。

瞬間時間取樣 (Momentary time sampling) --
提供頻次最粗糙的估計，記錄行為如果出現在一個時距的結尾之一個特定的瞬間；可同時地使用於記錄多於一個個體的行為。

大小 (Magnitude) --
測量標的行為的強度或力量。

型式 (Topography) --
測量標的行為的適當出現或正確性。

協助的程度 (Level of assistance) --
協助程度的測量或所需要的幫忙以引發標的行為。

工作分析記錄 (Task analysis recording) --
經常與協助的程度配對當將標的行為分成較小的，更多可教導的單元或步驟。

記錄和報告行為的時間本位方法 (Time-based Methods of Recording and Reporting Behavior)

持續時間 (Duration) --
是指使用於當多久才引發行為；研究者可記錄和報告每次出現的持續時間、平均持續時間或全部持續時間。

延宕（Latency）--

　　在行為的前因之後要花多長的時間才出現行為；研究者可以記錄和報告每次出現的延宕，平均延宕或全部的延宕。

 參考文獻（Reference）

Alberto, P. A., & Troutman, A. C.（1995）. Applied behavior analysis for teachers（4th ed.）. New York：Merrill.

Alberto, P. A., & Troutman, A. C.（1999）. Applied behavior analysis for teachers（5th ed.）. New York：Merrill.

Barlow, D. H. & Hersen, M.（1984）. Single case experimental designs：Strategies for studying behavior change（2nd ed.）. New York：Perfgamon Press.

Bijou, S. W., Peterson, R. F., & Ault, M. H.（1968）. A method to integrate descriptive and experimental field studies at the level of data and empirical concepts. Journal of Applied Behavior Analysis,1,175-191.

Cooper, J. O., Heron, T. E., & Heward, W. L.（1987）. Applied behavior analysis. Columbus, OH：Merrill.

Wolery, M., Bailey, D. B., Jr., & Sugai, G. M.（1988）. Effective teaching principles and procedures of applied behavior analysis with exceptional students. Needham, MA：Allyn & Bacon.

Zirpoli, T. J., & Melloy, K. J.（1993）. Behavior management applications for teachers and parents. New York：Merrill.

附　錄

樣本記錄單

被觀察者姓名：　　　　　　　　　　日期：
觀察者姓名：　　　　　　　　　　　地點：

時間	行爲前因	行爲本身	行爲後果

圖3-1　軼事記錄單

被觀察者姓名：　　　　　　　　　　地點：

觀察者姓名：

時間／日期	機會的次數	正確次數	正確的百分比

圖3-2 正確率的記錄單

被觀察者姓名：　　　　　　　　　　　　地點：

觀察者姓名：

時間 / 日期	正確反應的次數(機會是固定的)

圖3-3 正確反應的記錄單

被觀察者姓名：　　　　　　　　　　　地點：
觀察者姓名：

時間／日期　　整個事件/部分事件的次數(觀察的長度保持固定)

圖3-4 頻次的記錄單

被觀察者姓名：　　　　　　　　　　　　地點：

觀察者姓名：

時間／日期 觀察的長度	部分事件/整個事件 的　　次　　數	反 應 的 比 率 （事件／時間）

圖3-5 比率的記錄單

被觀察者姓名：　　　　　　　　　地點：
觀察者姓名：

時間／日期	標準程度	達到標準所需要的試驗次數

圖3-6 達到標準的試驗的記錄單

被觀察者姓名：   地點：

觀察者姓名：

時間／日期	反應次數	累積的反應（全部反應+這次觀察）

圖3-7 累積反應的記錄單

Single Subject Research

被觀察者姓名：　　　　　　　　　地點：
觀察者姓名：　　　　　　　　　　時間/日期：

10秒的間距

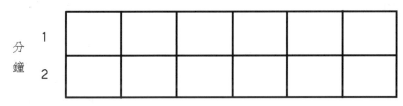

```
+ ≡ 標的行為的出現
0 ≡ 標的行為的未出現
```

圖3-8 時距資料的記錄單

被觀察者姓名：　　　　　　　　　地點：
觀察者姓名：　　　　　　　　　　時間/日期：

10分鐘的間距

```
+ ≡ 在間距的最後標的行為的出現
0 ≡ 在間距的最後標的行為的未出現
```

圖3-9 瞬間時間取樣的記錄單

被觀察者姓名：　　　　　　　　　　　　　地點：
觀察者姓名：　　　　　　　　　　　　　　協助的程度：
　　　　　　　　　　　　　　　　　　　　I：獨立完成
　　　　　　　　　　　　　　　　　　　　V：口語提示
　　　　　　　　　　　　　　　　　　　　G：手勢提示
　　　　　　　　　　　　　　　　　　　　M：示範
　　　　　　　　　　　　　　　　　　　　PP：部分身體協助
　　　　　　　　　　　　　　　　　　　　FP：完全身體協助

| | | 工 作 分 析 步 驟 | | | | | | | 建議 |
時間/日期	協助的程度	1	2	3	4	5	6	7	
		I	M	FP					

圖3-10 協助的程度的記錄單

被觀察者姓名：　　　　　　　　　　　地點：

觀察者姓名：

日期	行為開始時間	行為結束時間	時距

圖3-11 持續時間的記錄單

被觀察者姓名：　　　　　　　　　　　　地點：

觀察者姓名：

日期	行為的前因傳遞的時間	行為開始的時間	潛伏時間

圖3-12 延宕的記錄單

Single Subject Research

第四章 單一受試者議題

重要概念

一、預測、驗證和複製的概念

(一)預測
(二)驗證
(三)複製

二、信度與效度

(一)信度
(二)效度

三、倫理

唐詠雯

　　單一受試者研究是一種關係到自變項和依變項函數關係證實的應用方法。事實上，你將看出當你設計每個研究與其變項的關係，這方法可以證實此種關係，這比其他方法更好（例如：團體研究方法）。單一受試者研究試圖用很直接的形式證實函數關係，而非使用統計推理的假設(例如：用變異數分析)來證實函數關係。單一受試者設計的有效與否，在於證實依變項的改變是否能直接歸因於自變項的改變。可以在所選擇之研究設計中直接證實，在操作自變項下，依變項的持續測量及緊接著變化的操作。當這個函數關係存在時，會出現**預測**(Prediction)、**驗證**(verification)、**複製**(replication)的效應。除了研究者的倫理與人性化處理外，還需證實**信度** (reliability)和**效度**(validity)。當所有效應都達成時，研究者能在自變項與依變項間的函數關係構成重要個案。我們將討論每一個與單一受試者研究相關的議題。

 # 一、預測、驗證和複製的觀念

(The Concepts of Predicition, Verification, and Replication)

　　當特定應用至單一受試者研究的預測、複製、驗證的概念時，會關係到信效度的議題。當這些概念在單一受試者研究設計可被證實時，自變項與依變項間的函數關係可以確定。因此，當驗證假定先前所討論之無關變項和系統偏差不能合理地察覺，以說明會產生的變化時，可以驗證研究的信效度。每個概念都在這驗證過程扮演獨特角色，然而概念是相互依賴的。也就是，每個證實均具關鍵性，但所有證實的都

一樣地重要。每個概念與自變項導致的依變項改變相關。換句話說，出現在資料路徑的變化能被研究內的系統性操作所解釋。接下來討論我們修改的Tawney和Gast（1984）的結論：

(一)預測 (Prediction)

預測是指假如沒有影響自變項時，依變項資料路徑將保持不變。舉個例子，研究者已收集在個體標的行為的基準線資料，在基準線階段達穩定後，導入處理。若依變項沒有改變，可假定從基準線到介入階段的資料路徑，應偵測到沒有可察覺的變化（見圖4-1）。因此，儘管階段改變，可預測的資料路徑將保持不變。資料路徑改變，應維持改變，然後拒絕先前在依變項為無效果的階段改變（假設適當控制無關變項和系統偏差）。當資料路徑預測改變，連結到階段改變，可驗證介入在依變項或標的行為的效果。

(二)驗證 (Verification)

驗證是確認當有系統地應用自變項時，依變項在預測形式內的改變（見圖4-1）。

舉個例子，基準線完成後，開始介入。當自變項無效時，我們可預測隨著階段改變，資料路徑將不變。我們可逆向預測資料，顯露在資料路徑所要求的方向變化，這為自變項完成的結果。當這個發生時，我們已驗證依變項將隨自變項導入而有預期的改變，複製時亦是證實變項間的函數關係。

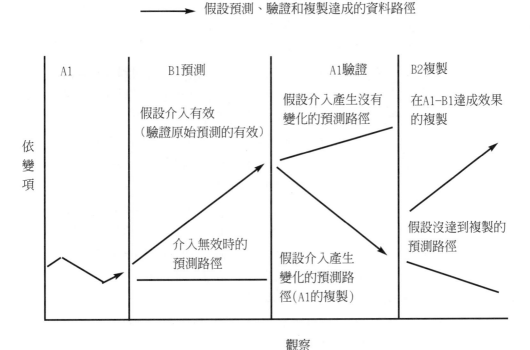

圖4-1　由撤回設計證實預、驗證和複製的範例

(三)複製 (Replication)

複製是指在相同研究，重複的觀察預測和驗證。從典型教學情況隔離單一受試者研究設計是必要的概念。例如，執行者收集數學準確度的基準線資料和提供增強計劃，觀察所要的變化。請注意陳述預測(假如增強計劃沒開始，基準線將保持不變；當正增強開始，資料將顯示準確度改善)和驗證(在事實上準確度確實改善)出現。然而，自變項在依變項效應的複製未出現。為了發生複製，研究者可回到基準線情境(假如正增強非實際地解釋準確度的改善，預測資料將保持不變；假如事實上，正增強能解釋這改變，我們預測它將會減少)和預測成果。我們已驗證個體準確度應隨階段改變而減少的預測。我們可允許在原始基準線中，資料路徑回到相同或類似階層。然後我們可再導進介入。這允許研究者複製原始預測和驗證。假如複製發生(準確性再度增加，為自變項導入的結果)，我們可建立較重要個案來證實函數關係。這例子將是A-B-A-B或撤回設計。每一章節關係如何設立特別設計，我們將討論預測、驗證、複製如何被用來強化個案在依變項上受自變項影響。

複製(Replication)至少在單一受試者研究裡有其他涵義。因為團體實驗設計使用較多個體當受試者，且常隨機分配至處理組，此時假設個體內變異數平均分佈在族群中(誤差變異為母數統計的術語)。換句話說，特殊或獨特影響發生在每個個體，因為這些影響被族群大小和隨機分配個體到族群中，它們不會影響研究的全體結果。當只有一個個體或一些個案涉入研究時，假設的建立會有困擾。也許正增強只有在個案數學準確度上有效、或是因為它在特別情境、或因

為年中特定時間、或個體成熟、或無數其他可料到的影響。研究內的複製越多，依變項的改變越少，這歸因於無關變項或混淆變項。同樣，當其他研究者尋找和其他個體、相似行為或在不同情境等的複製效應時，可更加證實自變項對依變項的影響。越多不同的複製研究，或達成相似預測的效應越多時，我們對使用過的介入，越有信心。舉個例子，這過程曾在第二章討論，複製越多次且越能證實統計上有效。

　　預測、驗證和複製是證實在自變項和依變項間函數關係的重要成分。這些概念與在單一受試者研究的信效度概念相關。

二、信度與效度
(Reliability and Validity)

　　信效度可能對你已有一些概念。在單一受試者研究，我們關心的領域有三種。首先，**觀察者間信度**(interobserver reliability)(有時是指評分者間信度或觀察者間認同程度)對建立在依變項測量的信賴是很重要的。其次，**內在效度**(internal validity)重要是建立函數關係的可信度，因此建立在結果和引出結論的信心。我們也將討論**外在效度**(external validity)，它關係到其他可能有相同自變項在類似研究中產生類似結果。(例如：在不同個案、不同依變項、不同情境)。外在效度也關係到複製的概念。

(一)信度 (Reliability)

在第三章，我們曾討論應用行為分析(例如：頻次、時距、潛伏期)中，使用記錄標的行為的標準方式時的觀察者間信度。我們不僅關心觀察者間信度的測量，且研究者應提供依變項的準確測量證明。如我們在第三章的簡述，研究者必須確認和定義如此方式的標的行為，至少二人可觀察個案和認同行為是否發生、或延伸什麼、或多久等等有信心。這過程必須建立信度和內在效度。執行者常用觀察來決定朝向目標的過程是否發生，但他們可靠自己個人的判斷來注意個體表現。這會造成主觀的測量或觀察者的偏移。建立觀察者間信度有助於確保這過程是公平的、道德的和嚴謹的。

如同術語所示，觀察者間信度是使用超過一個的觀察者。典型地，研究者確認至少二個人(包估她或他自己)涉入測量依變項，或至少能提供有效的觀察者已達其信度。多於二人是合理的，若喪失一個觀察者將不會中斷研究。一旦觀察者被確認，觀察者得建立練習觀察個體和評分依變項的訓練計劃。在我們經驗裡，這訓練過程牽涉數個步驟。研究者或練習者必須確認和定義標的行為。可能是坐在椅子上的例子。觀察要研究的個案後，研究者希望能操作性定義「坐椅子上」，這樣只需要極小的判斷來決定個體是否真的坐在她的椅子上(例如：坐可能定義為屁股接觸椅面，背部接觸椅背，至少一腳在地，軀幹到頭直立，沒有接觸椅子或其他傢俱)，來決定基本的判斷。操作性定義在第三章有更完整的描述，但讀者應了解標的行為被定義成當它發生或延伸出什麼時(例如：當它開始和結束)，容易決定。因觀察或預測時，可能有潛在含糊和不尋常的情況發生，因此在定義標的

行為時，需要其他參與者參與。有時，個體錄影帶可在不涉入實驗情境下協助定義標的行為、練習觀察和評分依變項。一般而言，重要的是定義什麼是標的行為沒發生。這就是，觀察者應練習認出標的行為沒發生的情形（例如：個案符合所有坐在椅子上的定義，但雙腳置在前面椅子上，因此根據定義不是坐）。觀察者應練習至他們能非常舒適地和有效地確認標的行為。這可能會花一些時間。下一步，研究者必須選擇測量標的行為的系統。舉個例子：假如使用間歇系統（見第三章），因程序較複雜，可能需要較多練習。練習階段，觀察者應比較每次標的行為（或依變項）的發生或測量的結果。他們應達到能了解標的行為為何發生和沒發生。當不認同它發生時，特別重要的是去了解什麼是正確測量與為什麼，並達成一致的共識。這過程可能會花一些時間，但它能提供標的行為多準確的定義，且定義測量過程和提供研究信度較具信賴。持續練習觀察時，並計算觀察者間的信度。如在第三章討論所提，應在嚴謹態度下計算的係數，以確定其適當信度。研究者保持開放心態和避免由觀察者判斷是重要的。雖然研究者最後必須決定測量到的是什麼？是如何？由誰？這些從觀察者來的訊息是非常重要的。當發生觀察者評分不一致的困擾時，研究者應採用觀察者總是錯誤的態度。研究者須記得需要委任好的觀察員以求有正直和信賴的工作表現。可常經由增強、練習、誠實及開放性的討論那些認定不一致的觀察。但是我們不能過度強調這點，特別是學生身份的研究者可能要仰賴同伴幫忙研究。

有些專家（例如：Barlow和Hersen, 1984）認為觀察員應單純介入研究目的，不涉入去計算觀察者間信度，以及不知稽查觀察信度的時間表。在我們經驗裡，研究者本身常涉入

資料收集(如此可能會導入自己的偏見),如上述的防備措施常常是不可能做到的。然而,假如研究者沒有涉及資料的收集,上述的防備措施可以合理的強化內在效度。

一旦觀察者間的觀察認同確定後,研究者或觀察員可開始收集資料。然而,他們仍需警覺可能的變動和觀察者的偏移。

1、再反應 (Reactivity)

再反應係指在開始觀察時,個體出現改變行為(如標的行為)的一種反應。利用我們先前的例子,假如個體察覺或猜測被觀察標的行為時,她可能會立即改善(或變差)她坐在椅子上的表現。當觀察次數增加,再反應一般會減少,雖然導入自變項前,觀察者會規律地出現,影響結果未知,但在實驗的情境中做觀察練習,可以減少在正式資料收集時,再反應發生的可能。再反應也可藉由延長的基準線的測量,直到穩定為止來克服。有理由地假設在依變項上的表現,能真實呈現出之前未受觀察者出現影響的狀態。使用錄影帶、錄音帶或二層鏡子可助於避免重複反應,雖然攝影機、錄音機或大鏡子也可能影響個體。一旦依變項的變化排除是再反應所致時,研究者仍需持續指引克服觀察者偏移。

2、觀察者偏移 (Observer Drift)

觀察者偏移是指由原先對標的行為是否發生(或在什麼程度、強度、多久等)的操作性定義做解釋改變。觀察者偏移通常發生在許多觀察完成時,特別發生在評分者間對評分

沒有定期的的溝通、檢視與討論時。如坐在椅子上的例子，觀察者在評量個體開始倒下(如軀幹與頭未直立)和用手支撐她自己，手肘置在扶手上的事件後，然而，觀察者可能會思考個體因專注於所所進行的活動，而可能有點累，但她屁股與背仍適當接觸椅子且雙腳著地。所以，觀察者評分個體為坐在椅子上。此時偏移已產生。假如另一個觀察者也同時評量個體的表現，但卻不這樣認為真實的表現，因此會威脅到觀察者間信度。一般的觀念中，觀察者偏移發生在一或多個觀察者開始對標的行為作個人定義或個人去修訂原有的定義。我們建議，克服偏移的最好方式是定期的溝通和甚至反覆整個研究的訓練活動，以確保所有觀察者保持對標的行為定義的認同。假如在研究中，任何觀察階段的觀察者間信度降至90%以下，研究者應警覺到可能發生了偏移，而採用適當測量以避免信度嚴重流失。如較早所提及，觀察者不涉及檢核信度和係數，然後加上額外的測量訓練，確保觀察者記住操作性定義和觀察程序，最後以訪問觀察者的方式弄清任何可能造成評分偏見或其他潛在混淆變項的影響。

效度，像信度一樣，對單一受試者研究極度重要。如同信度，單一受試者研究在效度上有獨特考量。我們將討論其所關心的內外在效度的考量。

(二)效度 (Validity)

你可能已經警覺到特別的測量與許多類型的效度 (如表面效度、內容效度和預測效度)有關。這些效度常被使用在提供測驗(例如：智力測驗、字彙知識測驗)能測量其所想測

量內容的證據。讀者應熟悉不同類型的效度和決定測量過程的效度概念。單一受試者研究比團體研究較少使用到這些方法，但了解它們是重要的。在團體和單一受試者研究中應用內外在校度的概念，且對我們來說是重要的事務。

1、內在效度（Internal Validity）

內在效度（interanl validity）是指研究者能適當地控制自變項、依變項和無關變項(或混淆變項)的程度，所以依變項的改變可以直接歸因於自變項的出現、排除或強度。精簡地說，研究者具有說服力的證實在處理導致個體改變其行為的函數關係。舉個例子，研究者嘗試幫助個案改善發音。研究者打算提供介入處理完成這目標。經由適當設計介入數星期後，研究者測量個體發音，事實上驗證標的行為大致被改善。檢測個體生活數週後，沒有任何理由懷疑任何其他因素或變數能解釋發音的改善。讓我們檢測在相同情況，而減低內在效度的例子時，在此案件，研究者注意到相同標的行為的大致被改變。然而，個體報告他已讀過許多人如何克服發音困難且由他們的例子受到鼓舞。他也報告出他母親給他的這些教材，並在每星期內數次和他一起祈禱神的幫助。研究者現在必須承認個體的閱讀、鼓舞和來自母親的支持，最少會影響所觀察的標的行為。假如這些鼓舞的動作已經在研究前數星期、幾月或甚至數年發生，此時，這些動作的影響可解釋為較少或不存在。然而，假如鼓舞動作在研究中才進行，研究者必須誠實和承認單獨的介入處理可能無法解釋標的行為(發音)的改變。外在或混淆變項的控制最重要的是建立自變項和依變項的函數關係。

　　無關變項（Extraneous variables）是指任何實際可能影響自變項和依變項間函數關係的事物。換句話說，這些變項的出現，可能會引發依變項是否受到自變項單獨影響的問題（例如：混淆了結果與結論的解釋及效度）。Copper、Heron和Heward(1987)注意到實驗設計的強度，能在允許研究者調查研究問題時，明顯的減少或消除混淆變項的影響。常由研究者確認無關變項。Copper等人(1987)注意到兩個耗損與成熟的混淆例子。計劃使用介入處理與多重介入干擾都會有潛在的干擾（完整介入處理和介入處理的偏移；Copper等人，1987）。在第三章討論了如何處理測量的結果。換句話說，研究目的可能達成（例如：在解決數學問題時，要有較準確或流暢語言），但要證實它是應用自變項系統的影響（例如：函數關係），可能不會達成。數個典型無關變項或混淆變項將在接下來將被討論。

　　歷史（History），是指在一段時間後所能預知或不能預知的事。舉個例子，研究者可從一年中的秋天開始實驗，在冬天作結論。季節的改變可能對個體他或她的行為改變有些影響。或者，個體的父母可能已決定離婚。或者，個體可能已從學校畢業去工作，及對自己信仰有改變，而在研究情境改變其行為。研究者所必須相信的是：

(a)盡可能得到許多訊息，它可能顯現出個體行為改變的原因（見第十三章，質的測量討論）；

(b)探索任何預知事件；

(c)假如可能的話，變更自變項的呈現，使依變項的改變與自變項間的關聯比其他事件間更清楚。

　　成熟（Maturation）與歷史類似，成熟是指個體隨時間發生的自然發展。在我們有關正確解決數學問題的例子中，個體在實驗期中有充分成熟，所以其正確率的改善是因為她在心理和認知能力下有較好的學習，勝於使用正增強的結果。由試著限制實驗時間的長度來控制成熟，可減少此影響。若是研究者不需控制研究的長度，則必須警覺到是否有成熟的力量在作祟。研究者在實驗情境和其他情境中，要盡可能地在獲得個體行為影響訊息之下解釋。舉個例子，假如個體在學校的所有領域、溝通技巧發展及在家行為等表現有進展時，有理由相信改善數學正確率是單獨的由正增強所致。因此，當能保持其他領域不變時，研究者可確定地排除成熟的影響，以確定改善數學正確率的原因。

　　耗損（Attrition），如這詞所示，是指在研究過程中喪失受試者。在有大量受試者的實驗設計中，如此事件並不常見，且對整體結果有較少戲劇性的影響。在單一受試者研究中，喪失參與的個體可能會破壞該研究。稍後，我們討論單一受試者的儒理學，在這部分的討論，我們強調受試者需要被告知內容的需求。在同意的內容中，研究者應強調個體（和其他重要的其他事物）在行為改變需求中所需負擔的責任。這是為何需要社會和生態效度的重要理由。人們必須看到研究結論是有價值的結果。有時，耗損是不可避免的。我們已有在研究中參與者死亡不幸和悲傷的例子，一個是需要手術必須住院，另一個是搬離本州。耗損最好能被控制，可由知道你與誰工作和列出此事件可能存在的任何情境。然而，我們強調不能以存有無關的變項為理由去拒絕個案所需的介入處理，最好對那些無關的變項做最好的控制，或有時只對介入處理後可能的變化做解釋。

多重處理干擾（Multiple treatment interference），在許多單一受試者研究中，是個非常實在的威脅。干擾可能發生在超過一個自變數(例如：正增強緊隨著負增強)的使用時。舉個例子，負增強比正增強有效，且合併使用比單獨使用更有效。再者，當負增強執行時，它可能會和是正增強的效果相混合(儘管效果不強)。換句話說，負增強出現對正增強的效果有部分助益。其他時候，會使用套裝處理(或自變項)(例如：正增強加上口頭提示和加上反應中斷)。因為超過一種介入被使用時，假如研究者困難準確決定哪個自變項或對依變項實際的改變有關(Cooper等人，1987)。Cooper等人提及研究者必須確保在所有的計劃和過程中應前後一致的執行自變項。否則，處理計劃的完整性可能被危害或可能發生處理偏移。處理偏移（Treatment drift）是指個體牽涉執行自變項時，產生個人調整(自覺地或不自覺地)，它可能會影響自變項對依變項的衝擊(Cooper等人，1987)。用於控制觀察者偏移的警告，應被用來控制任何潛在的處理偏移。

其他無數的無關變項在數量上是無限的。他們可能是個體內在的或表現在情境裡。研究者必須極注意這些不可避免的影響，使它對研究的衝擊最少。較重要的是，研究者嚴苛地自我測試，以確保不會在不適當的方法中影響研究結果。研究者可能發現他們對自己想要達成的結果是如此的強烈，而可能在某些層面上嘗試安排一些事件，使結果較可能發生。這些可能在有自覺下進行(可能非常沒道德)，但較可能發生是因為研究者沒有小心防範。舉個例子，在我們數學正確率的例子，我們可選擇我們的實驗情境，如我們所知的是學生所喜好和教師實際保證有效。如此安排有時是指系統偏差。這就是，研究者已介紹實驗情境中的一些變項，可能影

響依變項，但和自變項操作的改變無關。也許捍衛對抗如此偏差的最好態度，古諺語說：「三個臭皮匠勝過一個諸葛亮。」在進行研究前較多人注入或至少檢閱研究的程序可減少那些不被注意到的事件所影響。雖然經由行為改變而改善個體生活是令人敬佩的，研究者必須小心不要因此而影響其研究過程。

2、外在效度（External Validity）

外在效度是指其他個體、標的行為或情境，使用相同或非常類似的實驗程序將能獲得相同或類似結果的程度。較簡單說法是，研究者須說服讀者使用研究者所描述的相似情境時，讀者的處理將是有效的。當研究者使用其他研究的相同實驗程序，來進行研究，這是指複製。實驗效果被相同或其他研究者複製越多時，外在效度越大。然而，當Johnston和Pennypacker(1980)注意到這複製一詞，可被解釋為平均程序的複製，而不是特殊效果的複製。這就是，它不能準確地複製結果，但可準確地複製程序，得到類似結果。

Cooper等人(1987)和Sidman(1960)描述在建立外在效度的兩個例子，直接和**系統複製**（direct and systematic replication）。在**直接複製**（direct replication），研究者嘗試儘可能準確地複製程序。**受試者內複製**（intrasubject replication）發生在相同受試者在接下來的研究中再被使用。**受試者間複製**（intersubject replication）研究時保持先前研究中的每個項目，雖然用的是類似的受試者，但仍有差異。受試者間複製最常出現在研究文獻(Cooper等人，1987)。舉個例子，在相同情境中，

有五個受試者，實驗可使用相同程序(和相同自變項與依變項)。一些設計，如跨個人多元處理基準線，包括受試者間複製為研究的典型項目。

系統複製（Systematic replication）是指改變先前的研究情境，但仍獲得類似結果。舉個例子，研究者使用和先前研究的相同實驗程序，但使用在不同情境，或受試者特徵和先前研究有顯著的不同(例如：從早期研究所產生兩種表現行為疾病的受試者，找出有不同文化和社會經濟背景差異的個體，隨著個體使用該程序)。標的行為、實驗程序或任何實質的研究項目都可被變更(Cooper等人，1987)。假如如此多樣化的使用，都可得到類似的結果，此時此法(外在效度)被強化。然而，假如獲得不同的結果，它可能不能辨別哪個變異會引起不同的結果。舉個例子，假如不同文化或社會經濟背景的受試者參與削減侵略行為的研究，得到的結果差異很大，它可能很難去決定哪個變項會影響結果。Cooper等人(1987)指出系統的複製可能發生在研究者進行一系列研究，或可能由不同研究者所進行。作者強調，當應用行為分析的領域已逐漸移向社會顯著行為改變的研究，分析程序與結果仍相當重要。盡可能做出最好的決定，決定哪個變項影響那些變化。然而，可能獲得類似結果，並知道為什麼會獲得那些結果為擴展知識基礎的關鍵。

隨著時間，研究者已將焦點放在團體研究法中所討論的信度的其他層面。所獲結果的教育意義常被考慮。**教育的顯著性**（Educational significance）是指在統計上未達到顯著的結果，但是此介入的結果是有價值的，有可應用在真實的生活。此問題是：「介入處理的結果，對此研究的參與者及其生活有意義嗎？」。在單一受試者研究中，這問題相當

重要。它也關係到個體參與的道德面的處理。道德處理重要的是參與者得到告知的內容或對他們行為負責,與確保進行有教育意義的人類行為研究。在單一受試者研究,我們可用研究的經驗或社會效度來代表其教育意義,它與受試者的道德面處理有密切關係。

三、倫理 (Ethics)

　　單一受試者研究可合併質的或量的方法程序項目。在許多質的研究中,單一受試者研究強調隨著個體或個體參與的改變和明顯其他改變的價值。因此,在單一受試者研究需要得到非數據的資料是常見的。可使用家庭成員、教師和受試者本身的介入和觀察。單一受試者研究發現可由多方來源所呈現的複雜資料來驗證改變和其社會效度。在許多量的研究設計中,則將焦點放在可被主觀驗證的標的行為或由個體所改變的依變項。像量的團體設計,單一受試者研究可合併在個體表現的某些測量,以決定跨個體的介入成效。

　　簡言之,單一受試者研究是易變的和靈活的、可允許使用不同的資料收集和呈現方式、可包括個人或一群人、焦點放在社會效度的改變、合併不同的介入和結果的測量、適用於教育和臨床情境、可應用不同年紀的人和不同強度類型的挑戰並提供內外在效度。單一受試者研究是相當容易瞭解。因為單一受試者研究可合併強大、有力的方法去影響個體行為,因此關心其倫理就非常重要。Walker和Shea(1991)提出下列考慮問題:

* 誰應決定誰將管理行為？
* 誰的行為被改變？
* 誰將保證行為處理者行為合乎倫理？
* 將使用什麼類型的介入？
* 誰將決定是否這介入是合乎倫理的？
* 成果在尋找什麼？

　　Walker和Shea也注意這些考慮特別重要。當應用於孩童時，他們加入一些特別與孩童工作時的考慮，修正上述問題。這些包括：

* 孩童是什麼？
* 孩童能自由抉擇？
* 孩童應被允許在相關介入和處理中作抉擇？
* 孩童遵從可觀察和可預測的行為，以符合應用行為分析原則？
* 孩童行為可由外力改變？
* 教育者可修正孩童行為？
* 另一孩童或父母可修正孩童行為？
* 誰該抉擇哪個或誰的行為被修正？
* 哪種介入被應用到學校或其他情境？
* 誰將贊成這些介入的使用和監控他們合乎倫理地使用？
* 成果在尋找什麼？

　　這些問題陳述哲學和倫理議題，被每個單一受試者研究者發表。Walker和Shea建議發現在研究文獻的下列指導方針（Walker和Shea，1991）：

* 在選擇嫌惡前試探替代介入(Schloss & Smith,1987)。
* 考慮發生在任何介入結果的潛在副作用和傷害(Sabatino, 1983)。
* 決定個體是否瞭解處理計劃(Hewett, 1978)。
* 任何人牽涉應用到介入應在程序中被訓練和舒適的(Morris & Brown, 1983; Rose, 1989)。
* 經驗證實應有效地指出介入是有效的(Morris & Brown, 1983)。
* 任何形式計劃(例如：個別化教育計劃、個別化家庭服務計劃、個別的書面復建計劃)應與已計畫的處理前後一致，且應與牽涉在計劃內的原則一致(Morris & Brown, 1983; Singer & Irvin, 1987)。
* 計劃介入應小心監控，結果應被建檔，且定期地評佔(Morris & Brown, 1983)。
* 應獲得告知內容，並包括關於計劃的本質、益處、危險、預期結果和可能已改變的計劃處理等訊息(Axelrod, 1983; Kazdin, 1980; Morris & Brown, 1983; Singer & Irvin, 1987)。
* 正常化原則應被應用(Allen, 1969; Nirje, 1967)。這原則要求有障礙的個體儘可能給予與正常相近的機會與處理。
* 程序的使用應對於關心注意標的行為改變程度是公正和合乎倫理的(Allen, 1969; Sabatino, 1983)。換句話說，是由於公平程序的維護，結果將會造成行為改變的個體生活改善(Walker & Shea, 1991)？
* 個體人類價值尊嚴和基礎應被保護(Allen, 1969)。提出的程序包括尊重個體為人類(Walker & Shea, 1991)？

* 所有程序的委員會審核應該舉行(Rose, 1989; Singer & Irvin, 1987)。人類權利委員會和機構在學生涉及人類受試者的檢閱會議，在學校、住宅、社區代理處和高等教育設施常見，且可被法律所要求。這些委員會可監視所使用程序的必要性、品質和社會效度。同伴檢閱程序也被推薦。(Axelrod, 1983)。

* 最後，最少限制環境原則應被應用(Singer & Irvin, 1987)。這原則可觀看應用在較少限制行為和環境，且此研究計畫的結果可能增加個體維持在最少限制環境或將移除最少限制環境。

當每個觀點被陳述，研究者或執行者建立了所提研究指的經驗和社會效度(Evans & Meyer, 1985)。**社會效度**(Social validity)是指同意其他人們所想行為的標的改變是重要的，和使用在鼓勵行為改變的方法是可接受的。**經驗效度**(Empirical validity)是指測量實際證實所提的行為改變，將真正正向影響個體生活(Evans & Meyer, 1985)。

Evans & Meyer提到個體行為反應的圖像留下許多的期望。例如如此測量沒回答是否臨床或教育意義改變已發生；假如好或壞的副效應已發生；或介入使用是否適當、有人性的和達成關心個體權利的哲學與法律假設一致(Evan & Meyer, 1985)。

有許多組織使用應用行為分析，它在研究文獻或內容的較大長度和細節被討論，或內容從事介入使用應用行為分析技術。雖然，我們在第二章討論改變標的行為的方式，讀者被強烈勸告去獲得任何和所有關於任何特別程序使用的訊息。內容與文章關係到團體設計可包括訊息(例如當全部團

體被視爲單一個案時，可獲得和選擇受試者)可有用證明。
同樣，許多組織(例如：美國智能遲緩協會)建立有關障礙者
在告知內容和道德面處理的教材。讀者被鼓勵這些教材對她
或他自己有益。這章應提供縱覽單一受試者研究的議題。

摘要檢核表
(Summary Checklist)

預測(Prediction) ──
　　假如自變項對依變項沒影響，資料路徑將在經過階段
　　時，仍保持不變。

驗證(Verification) ──
　　當自變項依系統應用時，確信依變項會依預測模式改變。

複製(Replication) ──
　　預測的重複，並驗證相同研究。

信度(Reliability) ──
　　在單一受試者研究，我們主要關心觀察者間的信度，研
　　究者必須確信觀察程序和結果是可信賴的。

再反應(Reactivity)──

　　當結果被觀察到時，個體改變他或她的行為。

觀察者偏移(Observer drift)──

　　標的行為的操作性定義解釋一致性的變更；這威脅到信度。

內在效度(Internal validity)──

　　同意研究者已適當控制自變項、依變項和外來變項，所以有函數關係確認。

歷史(History)──

　　時間的經過和預知與非預知的事件；這威脅到內在效度。

成熟(maturation)──

　　個體隨時間的自然發展；這威脅到內在效度。

耗損(Attrition)──

　　在研究經過中喪失受試者；這威脅到內外在效度。

多重處理干擾(Interference from multiple treatments)──

　　從先前使用的介入(例如：在A-B-C設計，從B干擾可能影響C階段的結果)或當套裝介入使用(例如：BC階段時，困難決定B或C是否有較大影響，或假設只在混合時有效應)

外在效度(External validity) --
　　假如實驗程序和其他個體、其他情境、其他行為等等使
　　用時,同意研究者(或研究的消費者)對類似結果產生信
　　心。

直接複製(Direct replication) --
　　發生在研究者盡可能準確地複製先前研究所使用的程
　　序,以獲得類似的結果。

系統複製(Systematic replication) --
　　發生在實驗情境改變時,但獲得類似結果。

倫理(Ethics) --
　　在使用應用行為分析和單一受試者研究時,有許多考
　　慮;經驗和社會效度相當重要。

 參考文獻 (Reference)

Axelrod, S. (1983). *Behavior modification for the classroom teacher.*
　　New York McGraw-Hill.

Allen, R.C. (1969). *Legal rights of the disabled and disadvantaged*
　　(GPO 1969-0-369-797). Washington, DC: U.S. Government
　　Printing Office.

Barlow, D. H., Hersen, M. (1984). *Single case experiment design:*
　　Strategies for studying bahavior change (2nd ed.). New York:
　　Pergamon Press.

Single Subject Research

Cooper, J. O., Heron, T. E., & Heward, W. L. (1987). Applied behavior analysis. Columbus, OH: Merill.

Evans, I. M., & Meyer, L. H. (1985). An educative approach to behavior problems: A practical decision model for interventions with severely handicapped learners. Baltimore: Brookes.

Hewett, F. M. (1978).Punishment and educational programs for behaviorally disordered and emotionally disturbed children and youth: A personal perspective. In F. Wood & K. Lakin (Eds.), Punishment and aversive stimulation in special education (pp. 101-117). Minneapolis: University of Minnesota.

Johnston, J. M., & Pennypacker, H. S. (1980). Strategies and tactics for human behavioral research. Hillsdale, NJ: Erlbaum.

Kazdin, A. E. (1980). Behavior modification in applied settings (2nd ed.). Homewood, IL: Dorsey Press.

Morris, R. J. & Brown, D. K. (1983). Legal and ethical issues in behavior modification with retarded persons. In J. Matson & F. Andrasik (Eds.), Treatment issues and innovations in mental retardation. New York: Plenum.

Nirje, B. (1967). The normalization principles and its human management implications. In R. Kugel & W. I. Wolfensberger (Eds.), Changing patterns in residential services for the mentally retarded. Washington, DC: President’s Committee on Mental Retardation.

Rose, T. L. (1989). Corporal punishment with mildly handicapped students: Five years later. Remedial and Special Education, 10, 43-52.

Sabatino, A. C. (1983). Discipline: Anational issue. In A. C. Sabatino & L. Mann (Eds.), Discipline and behavior management (pp. 1-27). Rockville, MD: Aspen.

Schloss, P. J., & Smith, M. A. (1987). Guidelines for ethical use of manual restraint in public school settings for behaviorally disordered students. Behavioral Disorders, 12, 207-213.

Sidman, M. (1960). Tactics of scientific research. New York: Basic Books.

Singer, G. S., & Irvin, L. K. (1987). Human rights review of intrusive behavioral treatments for students with sever handicaps. Exceptional Children, 57, 298-313.

Tawney, J. W. & Gast, D. L. (1984). Single subject research in special education. Columbus, OH: Merrill.

Walker, J. E., & Shea, T. M. (1991). Behavior management: A practical approach for educators. Englewood Cliffs, NJ: Prentice-Hall.

PART 2

單一受試設計之概觀和應用

第五章 撤回設計之概論

重要概念

一、A-B設計

二、撤回設計之機制

　　（一）A-B-A設計
　　（二）A-B-A-B設計

三、預測、驗證及複製

四、撤回設計之優點

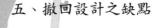

五、撤回設計之缺點

六、典型撤回設計之調整

唐紀絜

　　（一）B-A-B設計
　　（二）重複撤回
　　（三）改變狀態
　　（四）多重介入

Single Subject Research

　　撤回設計是一項顯示處理效果之基本實驗的過程，並廣泛的使用於各專業間。例如：撤回設計已被應用在特殊教育的一些領域中，包括溝通障礙、聽障教育及視覺障礙等(Yaden, 1995)。所謂的「撤回」(withdrawal)是指：在某一研究中的一個或多個階段介入的抽離，並顯示此介入在標的行為之效果；此設計亦可適用在相等時間抽樣設計(Campbell & Stanley, 1963)，中斷時間系列之多重複製設計(Cook & Campbell, 1979)，是屬於時間序列之時距成份。『反轉設計』(reversal design)是最常見的名稱，最先是由Baer、Wolf及Risley(1968)命名之，但大多數較喜愛以『撤回』稱之，因此強調此設計的機制(撤回介入)較設計結果(回復標的行為)之描述來得重要。雖然如此，『反轉設計』之名詞在專業文獻中仍廣泛的被使用。典型的撤回設計一般以A-B-A-B之字母代表，其中A代表基準線，B代表介入(intervention)，並且有許多調整的設計，將於本章之內容加以描述介紹。

　　撤回設計是一項重要的設計，因為它允許研究者可輕易的顯示出行為與介入間因果的函數關係(Tawney & Gast,1984)。在撤回設計的本質中，介入導入及撤回時，顯示出標的行為的改變，但必須排除歷史及成熟因素對標的行為所造成的影響。Schloss及Smith(1998)敘述：「介入複製次數愈多，歷史及成熟效果的可能性愈少。」(pp.260-261)在討論撤回設計之前，必須瞭解基本單一受試者之A-B設計相關的訊息。

一、A-B設計 (A-B Design)

就如上述而言，A-B設計是最常見的基本單一受試研究設計；事實上，可將其他單一受試設計視為A-B設計的變異型(亦可視為教學設計的一種；Alberto & Trautman,1999)。在A-B設計中，研究者收集基準線資料(A)及執行介入(B)來決定標的行為的效果；當然，A-B設計在依變項與自變項間函數關係的建立較薄弱，也許標的行為的改變來自於介入，但也可能受到其他因素的影響(例如成熟，練習效果)。為了建立標的行為及介入間的較佳的函數關係，研究者應撤回介入後，檢測行為是否返回到基準線(A-B-A)；更好的設計是研究者將介入再度導入，並檢測行為是否再度改變(A-B-A-B)。在本章中，A-B-A-B視為典型撤回設計的一種，A-B-A-B設計包括下列步驟：

(a)在介入導入前收集標的行為之基準線資料(A1)；
(b)在特殊時段內導入介入，並收集相同標的行為之資料(B1)；
(c)在短時段內撤回介入，並檢測標的行為是否回歸基準線程度(A2)；
(d)將介入再度導入，檢測標的行為是否再次受到影響(B2)。

圖5-1顯示出函數關係之資料，其中，介入執行前行為增加及介入執行時期行為減少。相反的，圖5-2之資料顯示：撤回介入後(A2)，其標的行為並無增加，無法顯示出函數關係。

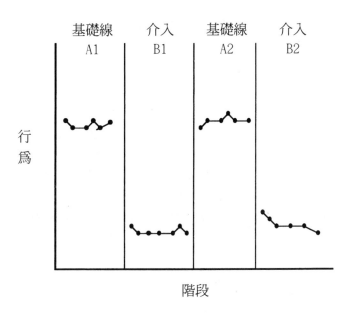

圖5-1 顯示函數關係之資料

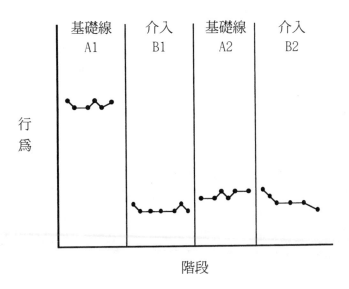

圖5-2 無函數關係之資料

二、撤回設計之機制
(Mechanics of The Withdrawal Designs)

常見的撤回設計基本型式中,在A-B-A-B設計之實驗控制中,當介入撤回時,其標的行為增加,再度影響基準線的結果。A-B-A設計的主要目的是顯示標的行為與介入間的函數關係,換言之,當函數關係呈現或介入消失時,其標的行為會隨著改變。A-B-A設計雖然比A-B設計需要更多的實驗控制,但因實驗中受試者結束於無介入期階段,故在教育或臨床界仍未被建議使用;更進一步地說,如果介入是成功的(標的行為可返回基準線程度),受試者仍然停留在未介入前程度。但是,在專業文獻中仍有使用A-B-A之設計,並在撤回設計的主題中,熱烈的討論著。

(一) A-B-A設計(The A-B-A Design)

在A-B-A設計之第一步驟,研究者必須精確的界定所預改變的標的行為及介入執行的內容與過程。第二步驟:至少收集5天的或已趨於穩定的基準線資料(A)(Alberto & Trautman,1999);換言之,即呈現的資料已趨於穩定或直到建立穩定的基準線趨勢(Schloss & Smith,1998)。第三步驟:導入介入(B)及持續的收集資料,直到達到特定的效標(criterion)(例如:離開座位之比率降至25%或更少)。最後一個步驟是撤回介入並返回基準線階段(A)。此設計的邏輯關係主要是在介入階段時,標的行為是否朝向預期的方向改善,並且當撤回介入時,標的行為改變趨近於基準線,因此研究者可以做「實驗介入與標的行為的改善有關聯」之結論。

下面列舉A-B-A之假設範例：

　　強尼是一位有輕度行為障礙的7歲男孩，並在教學時段內有離開座位之記錄（history）。他的特教老師期待能改善該生在座位上的聽課行為，並決定在課堂上使用增強物（遊戲時間）來增加強尼於教學時段的標的行為。經由謹慎的定義標的行為（坐在座位上的聽課行為）及介入（遊戲）後，老師開始收集資料。在基準線階段（A）強尼經常離開座位，並在教室內遊晃，經過5天持續的時間後，建立了穩定的基礎趨向，老師進而導入介入（B）。在50分鐘的課堂中，強尼若能停留在座位上5分鐘，就有1分鐘的遊戲時間，每堂課最多有10分鐘的遊戲時間。在介入階段，特教老師收集了10天的資料，在此階段的絕大部份，強尼待在座位上，並取得遊戲時間。在第三個星期的第5天，特教老師不再給強尼取得遊戲時間的機會，如此回到了基準線的狀態（A）。在此時期，強尼又再度於課堂上離開座位及到處遊晃，這些資料圖示於圖5-3。

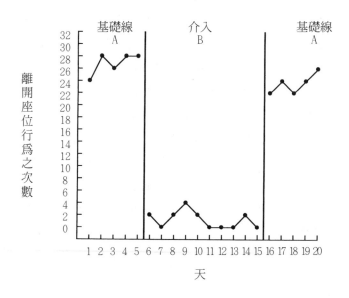

圖5-3 A-B-A設計之範例

（二）A-B-A-B設計

　　就如上列所述，研究者必須在收集資料前精確的定義標的行為及介入。常見的A-B-A-B設計包含：介入基準線期(A1)及介入階段(B1)，並將各階段複製一次(A2及B2)，將介入導入2次，並與2次基準線階段做比較，更強調或驗證標的行為與介入間的函數關係。
仔細思考下列例子：

　　Carla患有自閉症的六歲學生，具有中度的字彙能力，並有表達性語言技能障礙。當她與成人互動時，經常使用身體語言或用手指物來替代口語表達。說話及語言臨床專家(SLC：Speech and Language Clinician)期待Carla能以有目的的口語表達及溝通。SLC決定以口語的讚美及1顆葡萄乾做為Carla口語表達的正增強物。在第一個介入階段(B1)，SLC在每一次口語表達時提供增強物，並記錄之。第二個基準線階段(A2)撤回增強物，可在圖5-4中看到其結果：第二階段基準線資料(A2)與Carla第一階段基準線(A1)極為相似。SLC能假設增強物的使用與Carla口語反應的增加存在著函數關係。無論如何，讓Carla在適當的環境中建立函數關係是必須的，因此SLC再次導入介入(B2)並收集資料。圖5-4顯示：在第一次介入階段後(B1)，Carla口語溝通反應已有一致性增加的程度。

三、預測、驗證及複製

(Prediction, Verification, and Replication)

　　在典型的A-B-A-B設計中，對於預測、驗證及複製議題的描述是很容易的。收集穩定的基準線資料後(A1)，在相同的情境狀況下，相同的行為型態是可『預測』的(predict)。無論如何，介入(B1)是否產生效果，研究者可以不同行為型態的產生來做預測。『驗證』(verification)首先發生在由基準線至介入階段的改變，再者發生於介入期返回基準線狀態(A2)時，再次發生與原始基準線狀態(A1)的結果。最後，『複製』(replication)發生於第二次介入階段(B2)複製導入時，與第一介入階段(B1)有相似的結果。可由圖5-1中更容易瞭解這些概念。在本章內會進一步討論一些撤回設計，包括多於一次的介入導入及撤回。如此可進一步強化預測、驗證及複製之事件。

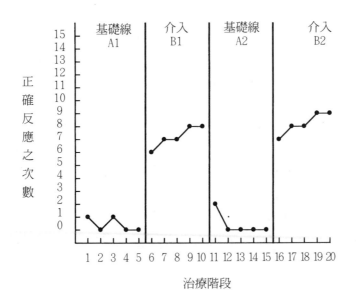

圖5-4 A-B-A-B設計之範例

四、撤回設計之優點
(Advantages of The Withdrawal Design)

　　就如前面所提，撤回設計是最簡單之單一受試者研究設計項目之一。此研究設計可應用在某一特別介入後，撤回其介入時，可使標的行為返回基準線或介入前的程度。此內涵即是指：標的行為本身必須是可逆的；但通常大多數標的行為的可逆狀況是不可能或不能預期，如果標的行為是可以學習的(如：閱讀)，當介入撤回時，對於學習行為的改變是無法預期的。有時亦可能於自然的環境因素，導致介入撤回時，標的行為仍維持原狀況，如：某位對同儕有口語虐待行為的學生(A1)，並導入減少其問題行為的介入(B1)，當介入撤回時(A2)，因為此學生接受到正向增強介入及正向同儕的互動關係，其問題行為仍維持於介入階段之減低狀態。此外，在撤回設計內涵中，介入亦必須是可逆的，例如：應用記憶教學策略增強某位學生的記憶技巧，當撤回記憶策略時，不可能降低該學生的記憶能力。在這種狀況下，當介入是可以學習或內化時，將會影響到標的行為的表現。

　　當標的行為及介入可達到「可逆性」之標準時，撤回設計是一種呈現自變項與依變項強烈函數關係的研究設計；就如Cooper，Heron及Heward(1986)所述：「當研究者可隨意操弄特定變項的介入與撤回，並確信可讓標的行為回復到原先基礎狀態時，便可以清楚的、具說服力的呈現研究的實驗控制。」(p.177)在同一個研究中，介入導入及撤回多次時，上述學者所言是需要特別的重視；本章後面會提到及討論『複製撤回設計』。基準線及介入狀態的改變，對於介

入效果的預測、驗證及複製亦可提供直接的證據。最後，在研究中減少影響介入效果的干擾變項(confounding variables)(Alberto & Troutman,1999)。

　　將撤回設計之使用時機，總括於下表：

* 當須清楚地呈現自變項與依變項間的函數關係。
* 當介入撤回時，標的行為可具有可逆的本質。
* 當介入撤回後，行為的效果不存在時。
* 撤回介入是研究倫理可以接受的。

 # 五、撤回設計之缺點
(Disadvantages of The Withdrawal Design)

　　即使撤回設計是強而有力及容易的單一受試者研究，但也有許多的缺點。為了顯示自變項與依變項的函數關係，即需要討論到標的行為可逆性的倫理議題。事實上，撤回設計的目標，對於教育及臨床的目標而言，是違反的倫理，因為教育的目的是期待行為朝正向的改變或停留在正向的程度，實際上，介入效果的維持是重要的教育及臨床實務之目標。Sulzer-Azaroff及Mayer(1977)建議一調整的方法，即：當行為返回至基準線三分之一至三分之二程度時，將介入再度導入；在此方法中，受試者不需花費許多時間在基準線階段；相反的，此方法的過程，會消弱行為與介入間的函數關係。

　　Yaden(1995)提出另一個缺點：『憤恨道德敗壞』(resentful demoralization)(Cook & Campbell,1979)，它雖然與控制組中之受試者態度有關，但此名詞亦可擴展到撤回設計，它的內涵是指：受試者於基準線階段時，其個人行為會受到介入的撤回而產生負向的忿怒反應；因此許多教師及實務工作者基於實驗控制的理由必須撤回有效的介入時感到猶豫。此外，最大的缺點是應用撤回設計在危險行為時之倫理考量，例如身體暴力或自虐等；特別是在這些行為中，將成功有效的介入撤回，可能會引起高度危險的問題。

　　總之，撤回設計之主要缺點，總括於下表：

* 當標的行為是不可逆時。
* 當介入撤回時，其效果仍然存在時。
* 基於教育或臨床實務理由，其標的行為不被期待恢復到基準線時。
* 當撤回有效的介入後，其標的行為是不為倫理所接受時（如危險行為）。

六、典型撤回設計之調整
(Adaptations of The Typical Withdrawal Design)

　　基於撤回設計之基本及簡單的特性，有許多調整的撤回設計方法，常為專業文獻中所使用；有些是同一介入多次導入、多種介入的結合、不同介入的複製導入與撤回或去除最先的基準線時期等。

(一)B-A-B設計 (B-A-B Design)

　　有些時候收集起初的基準線資料是不重要或不適當的；就如前面所提到的，如果研究者的研究工作是協助對自己或他人具有身體傷害或危險行為的個案，且基於倫理的理由無法使用A-B-A或A-B-A-B設計者；在這種狀況下，可使用B-A-B設計來決定介入對標的行為的效果。在B-A-B設計中，實驗的開端始於自變項的應用(B時期)，當介入期已有穩定且可接受的效果時(此效果通常需要在實驗開始前先決定)，再將介入撤回；在介入消失後，若行為返回或朝向介入前的階段，則介入再度導入時，可顯示出行為與介入間的函數關係。

　　可考慮以下列例子：

　　Mark是一位15歲患有嚴重智能障礙的男孩，他主要的行為問題是與成人接觸時會咬人。他的特教老師非常關心每個人的安全及去除此咬人行為；經由一系列相關人員的會議後，她尋求行為治療師來決定控制Mark危險行為的方法。經過瞭解Mark的狀況後，治療師應用爵士糖及口語讚美做為增強物開始進行實驗。治療師應用其他行為之區別增強法(differential reinforcement of other behavior: DRO)，在30分鐘的治療時段內，每5分鐘時距若沒有咬人時，即給予增強，一次時段最多有六次；整個介入期共維持15個治療時段；在此時段中，Mark大部份的時間不再咬成人且得到增強物。在撤回階段，有三個治療時段治療師不再給予Mark有機會取得增強物，而Mark咬人行為回到了介入前的程度。治療師再度將介入導入(B)，且觀察到Mark咬人的行為減少，與第一次介入階段類似的程度(參考圖5-5)。

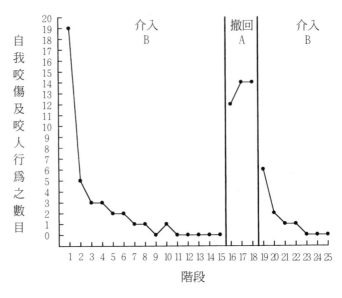

圖5-5 B-A-B設計之範例

　　如前面所述，B-A-B設計較A-B-A設計為研究者所喜愛採用，因為研究是以有效的介入做結束。但是若以評鑑介入的效果而言，〝B-A-B設計是此兩種設計中評鑑效力較弱的，因為它無法評量自變項在介入前標的行為發生的本質及比率〞(Cooper et al.,1987,p.175)。所以在此三種設計中，再度強調為什麼A-B-A-B設計是最能顯示實驗控制的原因。

(二) A-B-A-B-A-B設計（複製撤回）
(A-B-A-B-A-B Design：Repeated Withdrawals)

　　在此設計中，將介入變項複製的導入與撤回，亦是A-B-A-B設計的延伸，將相同的介入增加撤回與重現。複製撤回

可增加介入與標的行為間函數關係之信賴度；理論上，介入
應用與撤回的次數愈多(以預測型態顯示)，愈可顯現出實驗
控制的效果；再次強調需考量倫理及介入效能之議題。例
如：當一個研究者已建立清楚的函數關係時，即可決定不需
要繼續其撤回階段；也就是說：當實驗控制效度已呈現時，
基於倫理的考量是否須繼續撤回介入狀態？

(三) A-B-C設計(改變狀態)

(A-B-C Design：Changing Conditions)

在A-B-C設計中，研究者可評鑑二個以上的介入效果；
因此，A呈現基準線、B表示第一項處理及C是為第二項介
入。教育界常使用此方法，當第一項介入導入而無效時，而
嘗試另一種介入。不論是幾種介入導入，皆以達到有效介入
狀態之設計目標為終點。Troutman(1995)對於「改變狀態設
計」有下列評論：

1.反應事實，因教師們通常嘗試不同介入，直到有效果為
　止。
2.任何介入應觀察五個時段的行為改變。
3.如同A-B設計一般，A-B-C設計無法顯示依變項與自變項間
　的函數關係。
4.行為的改變也許來自多項介入的總和效果，而非獨自某一
　項之介入效果。

Alberto及Troutman提出：改變狀態設計最明顯的限制
(缺乏實驗控制)：即無法在新的介入導入前呈現基準線狀

態。此狀況有時也在「多重介入設計」(multiple treatment design)中描述(Cooper et al., 1987)。

(四) A-B-A-C設計(多重介入)
(A-B-A-C Design: Multiple Treatments)

一般而言,在撤回設計中『具有彈性』是主要的優點。有時候即使實驗已經開始,研究者基於一些理由亦必需改變介入本質;介入項目的改變可應用較不具效度之A-B-A-C設計(Yaden,1995)。在此設計中,C階段的介入也許是B階段原介入加以改變,或與新的介入共同導入;研究者收集基本資料(A)、導入介入變項(B)及如同A-B-A設計撤回介入,下一個步驟研究者導入第二項介入(或第一項有顯著改變之處)。因為A-B-A-C設計可以返回基準線,故比A-B-C設計更容易建立所具備的函數關係之優點。

仍有許多調整撤回設計的方法,例如:實驗者可評鑑三種(A-B-A-C-A-D) 或更多之介入效果;實驗者亦可結合多項介入(A-B-A-C-A-BC-A-BC),例如:在B階段使用『示範』(modeling)介入,C階段使用『提示』(prompts)介入,在BC階段使用『示範』與『提示』兩者結合之介入。Cooper等學者(1987)指出:當使用多重介入設計時,需作下列幾點之考量:

1.由一個階段到下一個階段時,需確認在一個時段內僅能有一種變項的改變。
2.必須瞭解所建立之函數關係之限制;如:在A-B-A -B-C設計中(A=基準線、B=介入1、C=介入2),可建立A與B的函

數關係,但無法建立A與C的關係,最後的效果(B-C)可能
涵蓋過C至A基礎狀態的函數關係;此設計方法所產生的問
題類似A-B-C設計。

3. 在多重介入設計中,完成多項的實驗需考量所花費的時間
長短,因為可能會產生『成熟性』之內在效度的威脅。

4. 需瞭解到合併後的介入,無法充分評鑑單項介入的效果。
回想先前所舉之B階段使用『示範』,C階段使用『提示』
介入的例子,在A-B-A-BC-A-BC設計中,實驗者無法單獨
評鑑使用『提示』介入的效果。

摘要檢核表
(Summary Checklist)

基本目標(Basic goal)--
應用撤回介入(及再導入)方法顯示出標的行為與介入間
之函數關係。

A-B 設計(A-B design)--
有時亦稱為『教學設計』(teaching design);收集基
準線資料(A)及導入某項介入(B);極少的實驗控制。

A-B-A設計(A-B-A design)--
在介入期後再度回到基準線狀態;於行為及介入間可顯
示出較佳的函數關係;受試者停留在基準線狀態。

A-B-A-B設計(A-B-A-B design) --
增加第二次的介入期，是典型的撤回設計；可提供更多
的函數關係之證據；受試者停留在介入階段。

預測(Prediction) --
在基準線穩定後，可預期在另一個基準線有相同或類似
的型態；相對的，在介入階段可顯示出不同的型態。

驗證(Verification)--
當介入期可導致標的行為的改變，撤回介入後，行為能
夠回覆到先前的基準線狀態，即發生所謂的『驗證』。

複製(Replication) --
當再度進入介入期，其標的行為的改變與先前之介入期
相似的型態產生時，即發生所謂的『複製』。

撤回設計的優點(Advantages of withdrawal design) —
容易執行；可顯示標的行為與介入間強烈的函數關係；
有許多變異的方法。

撤回設計的缺點(Disadvantages of withdrawal design) —
大部份的時間其標的行為是不可逆的；教育及臨床實務
界大多不期望標的行為返回基準線階段；通常撤回介入
後，其介入效果仍會延續。

調整(Adaptations)

B-A-B設計(B-A-B) --
　　當起始的基準線資料不可能或不適合收集時使用；受試
　　者停留在介入階段。

複製撤回(Repeated withdrawals) --
　　涉及到介入複製的應用與撤回(如A-B-A-B-A-B)；增加
　　函數關係之事實；但需考量增加基準線階段次數所引發
　　的倫理問題。

改變狀態(Changing condition) --
　　評鑑兩項以上(含)的介入效果(如A-B-C)；但其函數關
　　係微弱。

多重介入(Multiple treatments) --
　　於基準線狀態導入多種的介入(如A-B-A-C)，並評鑑其
　　效果；比改變狀態設計具備較佳的實驗控制；有許多的
　　不同的方法。

 參考文獻 (Reference)

Alberto ,P, & Troutman, A.(1995). Applied behavior analysis for
　　teachers (4th ed.) Columbus, OH: Merrill.
Alberto ,P, & Troutman, A.(1999). Applied behavior analysis for
　　teachers (5th ed.) Columbus, OH: Merrill.
Baer, D. M., Wolf, M. W., & Risley, T. R.(1968). Some current

dimensions of applied behavior analysis. Journal of Applied Behavior Analysis, 1, 91-97

Barlow, D. H., Hayes, S.C., & Nelson, R. O.(1984). *The scientist practitioner: Research and accountability in clinical and educational settings. New York:Pergamon Press.*

Campbell, D. T., & Stanley, J. C. (1963). *Experimental and quasi-experimental designs for research. Chicago: Rand-McNally.*

Cook, T. D., & Campbell, D.T.(1979). *Quasi-experimentaion: Design and analysis Issues for field setting. Chicago: Rand-McNally.*

Cooper, J., Heron,T., Heward, W.(1987). *Applied behavior analysis. Columbus, OH: Merrill.*

Schloss, P.J., & Smith, M.A. (1998).*Applied behavior analysis in the classroom (2nd ed.). Boston: Allyn & Bacon.*

Sulzer-Azaroff, B.,& Mayer, G.R.(1977). *Applying behavior analysis procedures With children and youth. New York: Holt, Rinehart & Winston.*

Tawney, J., & Gast, D. (1984). *Single subject research in special education. Columbus, OH: Merrill.*

Yaden, D.B.(1995). *Single subject experimental research: Applications for literacy. In S. B. Neuman & S. McCormick (Eds.), Single subject experimental research: Applications for literacy (pp. 32-46). Newark, DE: Interational Reading Association.*

第六章 撤回設計之應用

重要概念

一、A-B-A設計(THE A-B-A DESIGN)

二、A-B-A-B設計(THE A-B-A-B DESIGN)

三、A-B-A-C設計(THE A-B-A-C DESIGN)

四、A-B-A-A-B設計(THE A-B-A-B-A-B DESIGN)

唐紀絜

　　每章重點介紹不同的單一受試者研究設計方法；本章介紹撤回設計的應用，並總結一些已發表在專業文獻中的研究結果。鼓勵此教科書的讀者去閱讀列在參考文獻中的原始研究，讓讀者充份瞭解研究設計的複雜性。

　　在前一章中我們已介紹不同型態的撤回或返回設計及調整的方法；在單一受試者研究中，撤回設計是重要的方法，它可以顯示出介入與行為改變間強烈的函數關係。本章我們將從專業文獻中，提供撤回設計中每項基本類型及撤回設計調整方法的特殊例子。

一、A-B-A設計 (The A-B-A Design)

Nientimp,E.G., & Cole,C.L. (1992). Teaching socially valid social interaction responses to students with severe disabilities in an integrated school setting. Journal of School Psychology, 30, 342-354.

(一)研究問題 (Research Question)

　　在此研究中，調查者應用『持續性時間延宕』(constant time delay)的教學程序，教導重度障礙學生發展適當的社會互動，並評鑑此介入的效果。

(二)研究對象 (Subjects)

　　受試者為兩位男孩，一位年齡為12歲，另一位13歲4個月；兩位男孩皆患有自閉症並有侵犯與自傷行為；有語言能力，但通常需要依賴他人提示及/或回音性語言反應。

(三)場所 (Setting)

此研究在某個自足式特教班級中進行,此班級中另有三位類似障礙的學生;受試者是就讀於某特殊學校整合式班級的中學一年級。

(四)依變項 (Dependent Variables)

依變項是指受試者對社交禮節的反應;這些反應包括:

(a)正確反應,受試者能在對方打招呼的5秒鐘內反應;
(b)錯誤反應,定義為受試者在對方打招呼的5秒鐘內沒有反應;
(c)回音性反應(echolalic responses),受試者重複同儕或老師全部或部份之打招呼方式;及
(d)提示性正確反應,定義為受試者在對方提示後表現出來的禮節反應。

(五)依變項 (Independent Variable)

教師所執行的自變項是一種「持續性時間延宕」的程序。在這個程序中,個案須呈現打招呼的行為。當個案的反應不正確或失敗的反應時,訓練者亦提供正確性的回饋。若個案的反應正確時,則給予口頭的讚美(如:說『您好』很棒喔!)

(六)研究設計 (The Design)

作者使用A-B-A撤回設計,並應用跨個案的方式評鑑介入的效果。

（七）介入（The Intervention）

訓練者每日主動對受試者打招呼並停頓5秒鐘，若受試者能在5秒鐘內正確的反應，可獲得口頭稱讚；如果是錯誤或回音式的反應，訓練者則以堅定的語氣說『不對』並提供正確的反應；若是受試者再次無法正確的反應，則訓練者提供正確的反應方式(如：嗨！您好！)；也就是說，若受試者可在訓練者提示後，再次反應是正確的，可獲得口頭稱讚。每位受試者在10次受測時段中進行5種不同的打招呼訓練；每個訓練時段是10分鐘。

（八）資料獲得及圖示結果
（Obtaining the Data and Plotting the Results）

在介入執行前先收集4天的基礎線資料。在每天的訓練時段內，作者以正確、錯誤、回音或提示性正確反應等記錄受試者對於訓練者打招呼時之反應。再度回到基礎線階段檢測受試者的反應是否回到介入前程度。所呈現的資料以點狀方式繪圖，並檢視『時間延宕教學程序』(time delay teaching procedure)是否能改善個案社交禮節的反應。

（九）研究結果（Results）

研究結果顯示：兩位參與者在介入階段時，社交禮節之正確反應增加，而回音性反應減少。圖6-1及6-2顯示出參與者之資料；在圖6-1中，1號受試者在基礎線階段正確的社交禮節反應平均為5%及85%的回音性反應；在『持續性時間延

宕』介入階段，受試者正確反應增加到70%且回音性反應降低為21%。2號受試者在基礎線階段正確的社交禮節反應平均為8%、22%的回音性反應及70%之錯誤反應；在處置階段，受試者正確反應增加到100%且回音性反應降低為0%。

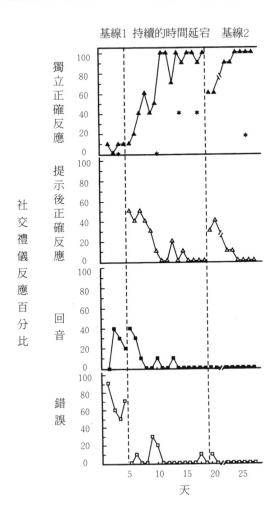

圖6-1 A-B-A研究之個案〈1〉之資料

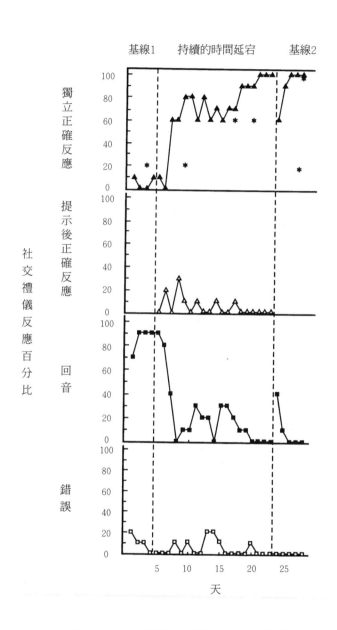

圖6-2 A-B-A研究之個案〈2〉之資料

(十)爲什麼使用A-B-A設計(Why Use an A-B-A Design?)

調查者興趣於『持續性時間延宕』(constant time delay)的教學過程在跨受試者間所造成的衝擊。藉此設計,可進行教學過程的臨床測試,並建立介入與受試者社交禮節間的函數關係。

(十一)研究限制 (Limitations of the Study)

雖然參與者於介入期時顯示出社交反應增加及回音性反應減少,但是當介入撤回後,受試者反應與介入期類似。再者,此研究結束於基礎線階段,所以需考量倫理的議題。事實上雖然行爲無法回覆到處置前的程度,但從治療的觀點來看它是正向的反應(故介入不需再度導入)。無論如何,缺乏可逆性資料是無法顯示出預期的函數關係。

(十二)摘要 (Summary)

對於A-B-A研究相關層面之摘要列於表6-1。

特質	描述
研究設計的類型	跨受試者多重基準線。
研究目標	找出增進意圖性請求的方法。
受試者	4位21-27個月大的智能不足小孩。
環境	附設於大學中的早期療育課程。
依變項	對受試者的意圖性提詞、自發性請求和意圖表現前的訊號。
自變項	調整後的教學方法。
結果	調整後的教學方法對於增進意圖性請求，和促進與媽媽間的溝通是有效的方法。

表6-1　『整合性學校重度障礙學生社交教學之
社會互動反應效果』摘要

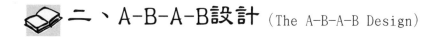

二、A-B-A-B設計 (The A-B-A-B Design)

Muir,K.A., & Milan,M.A. (1982). Parent reinforcement for child achievement: The use of a lottery to maximize parent training effects. Journal of Applied Behavior Analysis, 15, 455-460.

(一)研究問題 (Research Question)

調查者評鑑增強計畫的效果，此增強計畫是以參與學前障礙幼兒在家早期語言技能療育計劃之父母爲對象，若障礙幼兒能完成及熟悉語言技巧時，其父母可贏得可兌換獎品的彩券。

(二)研究對象 (Subjects)

此研究受試者包括2歲到2歲半之2位女孩及1位男孩；其中兩位受試者患有腦性麻痺及一位診斷因抽慉導致之發展遲緩。每位受試者皆鑑定爲語言發展遲緩，並且缺乏口語、模仿或追隨教學後的語言。

(三)場所 (Setting)

研究場所是在受試者家中；其中2位住在『低房租計畫』的房子，另一位居住的地點在貧民區的小房子。治療師與家人的接觸地點皆在家中。

(四)依變項 (Dependent Variables)

此研究的依變項是指孩童對姓名、招手說再見、拍手、指出圖片及聽從指示等接受性語言的反應；也包括表達性語言的工作，例如：模仿母音、字彙及說出事物的名稱等。語言課程的安排是依照兒童語言發展的序列。

(五)自變項 (Independent Variable)

此研究是應用可兌換禮品的彩券為增強介入；彩券禮品包括玩具、家用商品及地區餐館的免費券。當父母能確實改善孩子的行為時，即可獲得此增強。有趣的是父母或許並沒有接受到彩券的概念與成功改變孩子標的行為之增強間的關係，所以需持續的在第一次及第二次獲得彩券的家訪中，將彩券與禮品一起發放；但漸漸於第二、三次的家訪中，將此增強過程改為父母先獲得彩券後，才能獲得禮品。

(六)研究設計 (The Design)

應用A-B-A-B設計，在跨3位受試者中，再次呈現基礎線及彩券介入期，以評量彩券計劃的效果。雖然並非需要使用多個受試者，但是在跨受試者中，可顯示重複性時，可增強實驗控制的函數關係。

(七)介入 (The Intervention)

在治療師最初的家訪中，藉著父母的提示及治療者觀察，建立受試者接受性及表達性語言的程度。如果孩童可提供正確反應的三分之二，則可假設個案已精熟並給予下一個不同的提示。若受試者無法完成三分之二的正確反應之標準時，便在下一次家訪中安排三種語言工作，使用此三種語言工作以決定介入計畫之效果。當每位小孩能精熟一種語言工作時，其母親便能獲得一張彩券(受試者能在每個工作提示後五秒內反應，每個工作嘗試三次，並能正確完成三分之二)，每週最多可獲得三張彩券。

(八)資料獲得及圖示結果
(Obtaining the Data and Plotting the Results)

　　在治療者的家訪中，以隨機方式選擇語言工作項目檢測每位母親，每項工作檢測三次，評量語言精熟程度並予計分。應用孩童在這些嘗試中的表現來評量介入程序的效果。將每位受試者語言工作的精熟數目加總記錄，以決定語言技巧介入所產生之精熟度(參考圖6-3)。

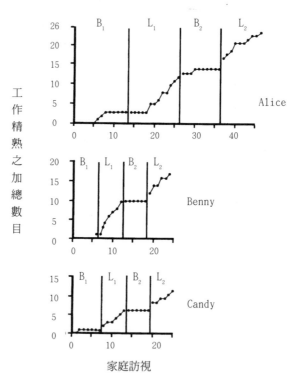

圖6-3 A-B-A-B研究之個案資料

引自「家長對對孩子成就之增強：以彩券強化家長訓練之努力」(*K.A.Muir & M.A.Milan, 1982. Journal of Applied Behavior Analysis, 15, p.459*) 於 *1982* 年由『行為實驗分析學會』取得引用權

(九)結果 (Results)

　　研究結果顯示：每位受試者對於處置的反應雖不同，但皆為正向反應。1號受試者(Alice)在第一個基礎線期精熟3個工作，在第二個基礎線的10個時段內，多精熟2個新的工作；在兩次的彩券期時，各精熟9及10個新工作。2號受試者(Benny)在第一個基礎線階段僅精熟1個工作，第二個基礎線階段並無任何精熟的工作；第一次彩券期精熟9個及第二次彩券階段精熟7個新工作。3號受試者(Candy)在第一個基礎線階段的前六次家訪中，僅精熟1個工作，第二個基礎線階段並無任何精熟的工作；但在二次彩券階段各精熟5個新工作。每個工作皆以加總的方式記錄及繪圖。由圖6-3可發現：再呈現基礎線階段時，雖然沒有顯示出回覆的狀態；但也可看出在基礎線狀態時，其精熟程度並無進步。

(十)為什麼使用A-B-A-B設計？
(Why Use an A-B-A-B Design?)

　　就如前一章所述，提供2次相同的處置，將標的反應與兩次基礎線階段的反應作比較，以重複標的行為及介入間的函數關係。

(十一)研究限制 (Limitations of the Study)

　　在此研究中，增強父母對孩童語言技巧的改進訓練。但此介入頗富爭議，因為父母教育孩童的天職，卻被賦以額外

的獎賞作爲增強。雖然如此,作者提供下列的理由加以闡述:「這是爲了使孩童達到最佳的進步或是假借虛擬人性化偏見的聖餐做爲祭品兩者中最終選擇」(p.460)。作者瞭解此限制及鼓勵父母繼續維持對此增強處置訓練的努力。

(十二)摘要 (Summary)

對於A-B-A-B研究相關層面之摘要列於表6-2。

面貌	描述
設計型態	A-B-A-B設計。
研究目的	決定父母於增進幼童語言技巧的增強效果。
受試者	沒有口語及模仿技巧之2位女孩及1位男孩,年齡由2歲至2歲半。
場所	受試者家中。
依變項	接受性工作(招手再見、模仿、指出圖片)及表達性語言工作(母音及說出物件名稱。)
自變項	彩券及禮品。
結果及成果	受試者正向反應,並在彩券階段習得更多新工作。

表6-2 『孩童成就之雙親增強:應用彩券強化父母訓練效果』
摘要

三、A-B-A-C設計 (The A-B-A-C Design)

Handen, B.C., Parrish, J.M., McClung, T.J., Kerwin, M.E., & Evans, L.D. (1992). Using guided compliance versus time out to promote child compliance: A preliminary comparative analysis in an analogue context. Research in Developmental Disability, 13, 157-170.

(一)研究問題 (Research Question)

此研究的主要目是孩童對於成人指令順服的教學中，『引導式遵從』(guided compliance)程序是否優於傳統之『暫停出局』 (time-out)程序。

(二)研究對象 (Subjects)

受試者共五位孩童(4位男孩，1位女孩)，年齡由3歲8個月至6歲4個月。所有的受試者皆為輕度發展障礙；其中3位為功能性輕度智障，其他2位中，1位語言發展遲緩，1位為非特異性的學習障礙。

(三)場所 (Setting)

此研究於某個小型個別治療室中進行；在此房間中之擺設包括單向鏡子、1張工作桌及2張椅子。於每個時段中，受

試者被帶來此治療室，給予一些指令，並允許在不受拘束下翻閱書籍、玩積木、方塊、玩具汽車及卡車。

(四)依變項 (Dependent Variables)

此調查之依變項是指孩童對成人指令要求的遵從行為。作者在此研究中定義所謂的『遵從』是指：”在指令要求的10秒內，能圓滿的完成所要求的工作”（p.161）；例如：「拿＿＿＿給我！」、「放＿＿＿在＿＿＿上面」等要求遵從的指令。

(五)自變項 (Independent Variables)

自變項是指：結合身體引導技術的『引導式遵從』(guided compliance)(B)，與『暫停出局』 (time-out)(C)等二項。受試者若能在此兩項處置上有遵從要求的表現，則能受到讚美之增強。

(六)研究設計 (The Design)

以A-B-A-C設計及跨個案的多重介入來評鑑所有受試者對成人指令要求之引導式遵從及暫停出局兩項教學介入的遵從反應。

(七) 介入 (The Intervention)

　　在所有的實驗時段中，實驗者建立眼神的接觸及叫喚個案的名字後提出一個指令要求。在『引導式遵從』階段，如果受試者能在10秒內完成指令要求，可得到讚美並玩遊戲至下一個指令出現；若受試者無法遵從指令時，無法得到稱讚並以身體指引個案完成此工作要求。在『暫停出局』階段，若受試者能在10秒內完成指令要求，可得到讚美並玩遊戲至下一個指令出現；如果無法遵從時，則受試者會被要求坐在椅子上面對牆角30秒鐘(若受試者拒絕坐在座位上，則會輕柔的約束在座位上)；當時間到時，繼續下一個要求。在兩次的訓練階段，約每隔一分鐘提出五個一般性的指令要求。

(八) 資料獲得及圖示結果
(Obtaining the Data and Plotting the Results)

　　觀察者以「正確」(遵從)及「不正確」(不遵從)的反應來記錄。一次記錄一個受試者，並以每個受試者在每一次時段的10種指令要求的遵從比率記錄繪圖；每個受試者對每個要求皆被要求需有反應。每個受試者以x-y圖記錄遵從行為增加的狀況以決定處置程序的效果。為了視覺上診視的目的，將1號受試者的資料呈現在圖6-4。

個案1

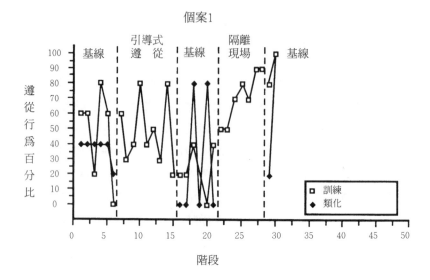

圖6-4 A–B–A–C 研究之個案〈1〉資料

「『引導式遵從』及『隔離現場』對促進孩童遵從之應用：比較性分析之前趨研究」

(B.C.Handen,J.M.Parrish,T.J.McClung,M.E.Kerwin,&L.D.Evans., 1992,Research in Developmental Disabilities,13,p.164)於1992年 Pergamon Press取得引用權。

(九)結果 (Results)

　　所有受試者於基礎線之遵從行為平均低於41%；在『暫停出局』階段之遵從行為平均為85%(區間71～92%)，在『引導式遵從』階段平均為59%。圖6-4顯示觀察者對1號受試者在各階段遵從行為之記錄。由圖中可看出：1號受試者於基礎線階段(平均47%)及『引導式遵從』階段(平均48%)之遵從比率沒有改變，緊接著返回基礎線階段及『暫停出局』

階段時，可看出遵從比率有相當程度的增加(平均71%)。此圖可描述出遵從行為整體的平均值及範圍區間，並用來評鑑高度變異結果的資料。

(十)為什麼使用A-B-A-C設計？

(Why Use an A-B-A-C Design?)

此研究中可以清楚的瞭解研究者對於兩種行為管理程序對發展障礙孩童遵從行為增加效果感到興趣。此研究設計允許調查者在各個基礎線階段後使用二種(含)以上之自變項介入，研究者亦可應用兩種平衡相當程序來避免介入後存留結果的效應。

(十一)研究限制 (Limitations of the Study)

如前所述，1號受試者於基礎線階段至『引導式遵從』階段之遵從比率沒有發生改變，其中也許是因為受試者沒有具備區別介入狀態的能力，或如作者所述：「對這些孩童而言，引導式遵從也許僅是偶爾充當維持不遵從的一種方法」(p.167-168)。

(十二)摘要 (Summary)

對於A-B-A-C研究相關層面之摘要列於表6-3。

面貌	描述
設計型態	A-B-A-C設計。
研究目的	決定『引導式遵從』及『暫停出局』程序對促進孩童遵從成人指令之效果。
受試者	4位男孩與1位女孩，年齡由3歲8個月至6歲4個月之發展障礙孩童。
環境	某診所之治療室(2.6m×2.9m)；1面單向觀察鏡面、1張工作桌及2張椅子。
依變項	遵從行為。
自變項	『引導式遵從』及『暫停出局』程序。
結果及成果	在所有的受試者中，『暫停出局』比『引導式遵從』程序較容易產生遵從行為。

表6-3 『引導式遵從』及『暫停出局』對促進孩童遵從之應用：
同質處置比較分析之前趨研究」摘要

四、A-B-A-B-A-B設計
(THE A-B-A-B-A-B DESIGN)

Carnine, D. W. (1976). Effects of two teacher-presentation rates on
off-task behavior, answering correctly, and participation. Journal
of Applied Behavior Analysis, 2, 199-206.

(一)研究問題 (Research Question)

此研究中，作者檢測兩位教師以快速及慢速的表達方式，對於學生於閱讀課開始時的脫軌(off-task)的行為、正確回答及參與的效果。

(二)研究對象 (Subjects)

本研究參與受試者是由3個一年級班級中，老師評估為閱讀能力最差的1位男孩及1位女孩。以『寬檢度成就測驗量表』(Wide Range Achievement Test)作回顧性的評量發現：受試者的閱讀能力分數是為第2個月及第8個月的幼稚園程度(k.2及k.8)。

(三)場所 (Setting)

受試者每日接受30分鐘的閱讀教學；此班級分為4個小組，在研究期間，受試者的座位安排為：受試者、非受試者、受試者及非受試者的安排方式。

(四)依變項 (Dependent Variables)

依變項是指：學生在脫軌(off-task)的行為、正確回答及參與的狀況。本研究中的『脫軌行為』定義為學生在課堂上離開座位從事一些不適當的行為，如：突然開口說話、不恰當的談話及踏步出聲等的干擾行為。『參與』定義為：在

老師的暗示下，受試者能在1秒鐘內回答老師的問題，不論
是否回答正確。『正確回答』的計分是指受試者能提供正確
的答案，甚至是在老師提示1秒後回答正確也需計分(也就是
〝非參與〞)。

(五)自變項 (Independent Variable)

自變項是指DISTAR閱讀計畫第一階段教學表達的速度
(快及慢)。

(六)研究設計 (The Design)

應用A-B-A-B-A-B設計，教師慢速表達之教學為A狀
態，快速表達為B狀態。不論在A或B狀態，教師每隔90秒提
出問題，學生若能回應及專注聽講則可獲得讚美。此範例的
基礎線狀態與典型單一受試者之基礎線稍許不同。

(七)介入 (The Intervention)

在慢速表達教學中，延遲學生反應與下一個教學活動間
的速度，而快速表達則沒有延遲。在此研究的所有階段，教
師使用90秒的固定時距表來讚美受試者。在前4個階段中，
由具有特教教師資格者來教學；後兩個階段，因特教老師從
事其它工作，故由班級教師教學。

(八) 資料獲得及圖示結果

(Obtaining the Data and Plotting the Results)

　　如前所述，將學生正確的反應計分，以同樣的作法將他們脫軌不聽指令的活動行為加以記錄，且記錄學生在老師提示下1秒鐘內，不論回答問題正確與否的參與情形。第一位受試者在所有的依變項中接受10個連續的問題，而第二位受試者亦是如此。資料收集者以碼錶計時與記錄，每位受試者以『脫軌行為』、『正確回答』及『參與』的發生比率記錄，並圖示在圖6-5及6-6中。

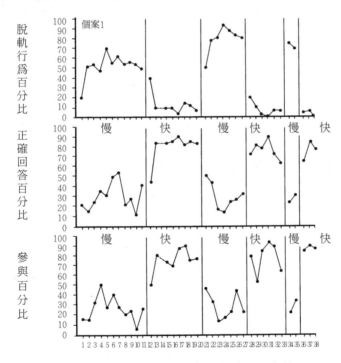

圖6-5　A-B-A-B-A-B研究之個案<1>資料

註：引自「兩種教師表達速度對學生脫軌的行為、正確回答及參與效果」(D.Carnone,1976.Journal of Applied Behavior Analysis,2,p.204)於1976年由『行為實驗分析學會』取得引用權

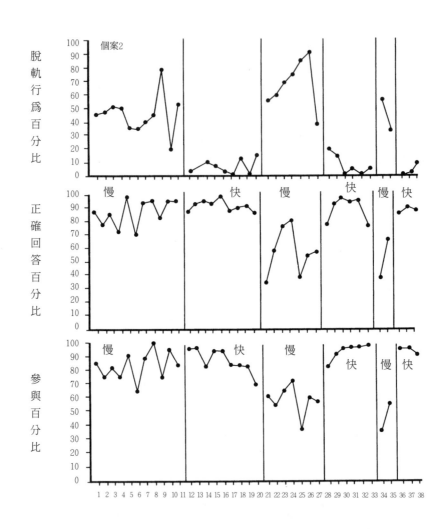

圖6-6 A-B-A-B-A-B研究之個案<2>資料

註：引自「兩種教師表達速度對學生脫軌的行為、正確回答
及參與效果」*(D. Carnone, 1976. Journal of Applied Behavior
Analysis, 2, p.205)*於1976年由『行為實驗分析學會』取得引用權

(九)結果 (Results)

　　研究結果顯示：在快速表達階段，受試者的脫軌行爲減少且正確回答與參與行爲增加。由圖6-5及6-6中可以發現：兩位受試者對於慢速或快速表達教學皆爲正向反應；1號受試者於快速表達時的反應多於慢速期；2號受試者於快速表達期之脫軌行爲減少，而正確反應及參與性並不受表達速度的影響。

(十)爲什麼使用A-B-A-B-A-B設計？
(Why Use an A-B-A-B-A-B Design?)

　　作者主要目的是瞭解不同表達速度的教學方式，在閱讀教學上減少學生脫軌行爲及增加正確回答與參與性的效果。此研究設計具有相當彈性，並允許教師重複各階3次以建立表達速度與受試者反應間的函數關係。但不幸的是，在研究開始前使用慢速表達之教學處置爲A狀態，是否能清楚的顯示基礎線功能是值得商榷的，如果不能，事實上此研究則缺乏基礎線階段。

(十一)研究限制 (Limitations of the Study)

　　在大多數的特教班級中，提供學生充裕的時間作正確的反應。本研究限制之一是在快速表達期時，學生需要在聽到問題後即刻的提供反應。對每個人而言，此方法可能在不經過思考下，強迫受試者回答及犯錯，或是讓受試者拒絕參與。另一個研究限制是作者並沒有針對研究目的或教師不同表達速度的效果加以討論。最後，就如前面所述，基礎線狀態本質是否可以處置替代之限制。

(十二)摘要 (Summary)

對於A-B-A-B-A-B研究相關層面之摘要列於表6-4。

型態	描述
設計型態	A-B-A-B-A-B設計。
研究目的	檢測快速及慢速的表達教學方法,對於學生於閱讀課時的脫軌(off-task)行為、正確回答及參與的效果。
受試者	2位低功能及脫軌行為之受試者。
場所	教室。
依變項	脫軌(off-task)的行為、正確回答及參與。
自變項	慢速及快速表達之教學。
結果及成果	兩位受試者於快速表達階段可降低脫軌的行為,正確回答及參與增加。

表6-4 「兩種教師表達速度對學生脫軌的行為、正確回答及參與效果」摘要

撤回設計可在不同的情境下使用,但是涉及到介入撤回的倫理考量及不可逆可能性的產生,使得此設計在應用上出現一些問題;基於這些及其他理由,而有許多額外的發明,例如『多基礎線設計』(multiple baseline design),此設計可在許多的文獻中被使用,所以讀者可在下一章節中瞭解「多基礎線設計」可克服許多與撤回設計有關的問題。

第七章 多重基準線分析的概論

重要概念

一、基本多重基準線設計

二、多重基準線設計之機制

　　(一)預測、驗證和複製

三、依變項內之共變

四、多重基準線設計之優點

五、多重基準線設計之缺點

六、不同種類之多重基準線設計

(一)跨行為的多重基準線

(二)跨情境的多重基準線

(三)跨受試者的多重基準線

謝協君

七、多重基準線之調整

(一)多重探試

(二)延宕的多重基準線設計

多重基準線設計是在同一研究內重複採用A-B設計，且分爲三種主要類型的設計－跨行爲、跨環境和跨受試者的多重基準線。研究者在基本多重基準線設計的架構下，同時重複測量二個或二個以上的基準線表現，並在獲得穩定且可預測的基準線後，執行介入（自變項）和記錄介入結果持續一段時間，以用來決定介入的成效。在多重基準線分析中常改變成效的標準，並且在多重基準線設計的介入階段後，常跟隨出現一個撤回，這樣的過程常會在每個基準線中重複出現。

一、基本多重基準線設計
(The Basic Multiple Baseline Design)

多重基準線設計可能是最適用於單一受試者的研究(Baer,Wolf & Risley, 1968)，原因如下：

(1)基於倫理的考量下，當撤回設計是不可行時；
(2)基於實用性的考量下，例如超過一個以上的個體或環境需要處理時；
(3)當自變項（處理）不應該被撤回或標的行爲不能被回復時（例如：用口語威脅），此時，最適當的方法是採用多重基準線設計。而且多重基準線設計具有可變通性，易被瞭解和實用的優點(Cooper,Heron,& Heward,1987)。

　　如果在二個或多個基準線中使用多次測量來收集資料時，A–B設計系列中的圖示是以一條線在另一線之上方的方式來呈現結果(Barlow & Hersen, 1984)。這也造成依變項常包含二個或更多不同種的行為(Cooper et al. 1987)，而使讀者覺得困擾。在跨行為的多重基準線設計中，相同受試者會在相同的地點接受相同的介入處理，因而產生二種或多種標的行為；而在跨環境多重基準線設計中，研究者在不同環境下，運用相同的介入方式來達到相同之標的行為；在跨受試者多重基準線設計中，研究者在相同的環境下，針對二個或多個受試者的標的行為採用相同的介入方式。很多學者偏好將每一個基準線想像成每一個標的行為或依變項（即相同受試者之不同行為，相同受試者在不同環境下所出現之標的行為，不同的受試者在相同的情境展現之標的行為）。由於在每個基準階段後的介入都可視為一個應用行為分析(Cooper et al.,1987)，因此，接下來將討論設計中，對第一、第二和第三依變項的記錄和介入方式（例如：行為、環境或單一受試者）。事實上，在每個基準線和介入階段皆以相同的方法來記錄標的行為（Alberto & Troutman,1999），請參見圖7-1對各種設計和變項的描述。

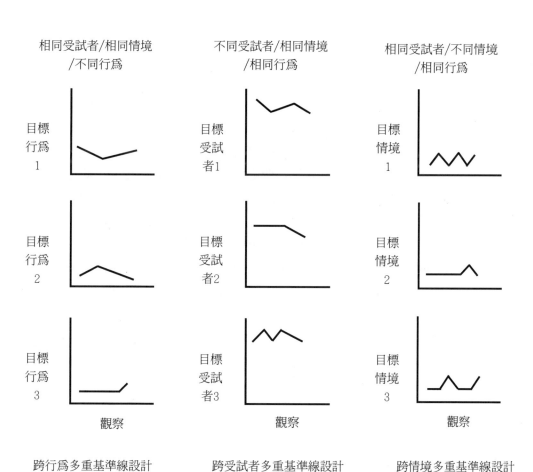

表7-1 多重基準線設計中的變項

二、多重基準線設計的機制
(Mechanics of the Multiple Baseline Design)

假設已選定三個依變項,並在收集這三個依變項基準線資料之後,研究者對第一個依變項給予介入處理,而其它二個依變項仍維持基準線下的條件下,在依上述步驟所收集到第一個介入結果後,即可對第二個依變項進行上述的介入處理,並進而分析其對第二個依變項的效應,而在此時,第三個依變項仍維持基準線下的條件。在收集到第二個依變項資料後,才開始對第三個依變項實施上述的介入處理,請參見圖7-2。如果有第四或更多依變項時,亦採取與上述相同的設計形式。通常後續追蹤階段的設計是為了確定此自變項(介入處理)在不同的時間、情境或個體上仍然可以維持一定的影響效應。

(一)預測、驗證和複製 (Prediction, Verification, and Replication)

收集所有依變項的基準線資料是多重基準線設計的一個重要的特質,因為在沒有採取任何介入處理的情境下,基準線期行為的穩定性,將有助於研究者驗證其先前所做的預測(Kucera & Axelrod,1995)。在第4章和一些文章中提到(Cooper et al.,1987 and Tawney & Gast,1984)驗證是指從基準線到介入階段中資料路徑發生改變的證據。如果驗證出從基準線到介入階段資料路徑沒有發生改變,則表示自變

項對依變項沒有任何的影響,當驗證出資料路徑發生改變,則表示自變項對依變項有影響效應。在多重基準線設計中,當後來所採用的依變項資料路徑也有相似的改變發生時,即以複製上述中的預測和驗證步驟來處理。Cooper(1987)等人認為在多重基準線設計中,可用推論做為預測和驗證的輔助工具,是基於下述理由:

第一:當控制可能的混淆變項時,而且所有的變項和標的行為(如依變項1,2,3)仍維持不變時,所作的預測才是準確的。

第二:因一個自變項的加入,導致標的行為發生改變,即表示此自變項對這個依變項產生作用,且其它的依變項也因此自變項的加入,而發生改變。

舉例來說,一個學生分辨語尾音調變化的能力是穩定的,但在一個介入處理後,分辨語尾音調 〝s〞 的能力增強了,而其它語尾音調的分辨能力仍維持不變。在分辨語尾音調〝s〞的能力建立後,也將此自變項用於分辨語尾音調〝ed〞能力的訓練。當分辨語尾音調〝ed〞能力增強時,語尾音調〝s〞的分辨能力表現可能維持一定的標準或又進步了。一旦語尾音調〝ed〞分辨能力建立後,又將此自變項用於第三個依變項中,而之前的二個依變項應仍維持先前狀態或有所改變,之後再以相同於依變項1和2的施行方式,施行於分辨拼音能力的依變項3,此程序即是複製。複製的定義是指以同一個自變項施行於不同的依變項中,以產生相同的結果。(參見圖7-3)

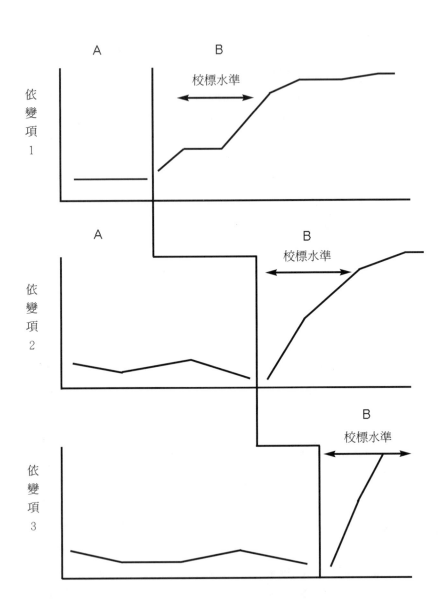

圖7-2 典型的多重基準線設計

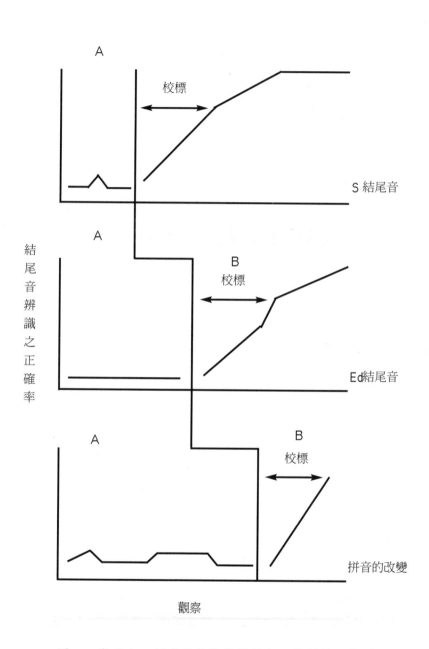

圖7-3 顯示出一個多重基準線設計中函數關係的範例

以這樣的複製方式，並控制無關變項對所有變項的影響，以提供一個令人信服的論證，即依變項和自變項之間函數關係。在上述的控制下，其中可以變動之處有二：(1)依變項即標的行為(可以是行為、環境、不同的個體)，(2)自變項或處理。而其它變項，比如環境和時間，應該維持恆定，以確保這些自變項的效應(Cooper et al., 1987)。

三、依變項中之共變

(Covariance Among Dependent Variables)

依變項之間的關係也是值得注意的，所選擇的依變項，彼此之間需獨立，不然這些變項可能產生共變的效應(Tawney & Gast,1984)。在前面的例子中，用自變項增進分辨語尾音調 〝s〞(依變項)的能力，在此時，如果學生也想要改善分辨語尾音調 〝ed〞或分辨拼音能力，則這三個依變項可能會產生共變(即在相同的時間上都朝相同方向改變)。因此，這三個依變項的獨立性就不足，一個自變項對一個依變項進行介入處理時，不能同時使其它未有介入處理的依變項也達到改變的效應(見圖7-4)。此外，自變項對實驗結果也很重要，故不希望選擇完全不相關的自變項。

舉例來說，在多重基準線中的依變項可能是在遊戲場中打架，中餐吃太快和無法準時工作等三種行為，希望能藉由某種形式的介入來達成改變，但是這些依變項不一定都會對相同的自變項，產生相同的反應性改變。舉例來說，設計於教導學生的某些介入處理，可以減少毆打行為，但是無法同

時對東西吃太快或準時工作的行為產生作用。在這樣的例子
中，可採用不同的測量方式，來得到這些依變項對自變項的
反應，像毆打行為可透過頻次來測量，吃太快的行為可用持
續時間的長短來測量，而準時工作可用潛伏程序來測量。

對於每個依變項，必須採用相同記錄行為的方法
(Alberto & Troutman,1999)，而且研究者將同一個自變項
對每個依變項產生相似的效應，視為合理的預期。

因此，選擇的依變項間彼此完全不相關和彼此關係太密
切，都會產生很多問題(Barlow & Hersen,1984)。在二者
間取得平衡，將是最好的選擇。研究者應該選擇依變項(如
有相同行為的個體，同一個體上有不同的行為，或同一個體
在不同環境下有相同的行為)間有相似性，而他們可因相同
的處理產生類似的反應。(例如，分辨語尾音調〝ed〞和分
辨拼音能力的依變項，可能會如同分辨語尾音調〝s〞的依變
項一樣，會對某一教學法產生反應，但是這樣的反應，必須
是當此教學法單獨施行於每一個行為時才會有的反應。Tawney
和Gast (1984)指出這些依變項(或基準線)是彼此相似但又
完全獨立的。此外，這些依變項須用相同記錄行為的方法來
測量，才可將這些依變項的結果做比較。這些依變項也應該
同時被測量，且其它變項對於每個依變項的影響，必須是均
等的。(Cooper et al.,1987)。

除了這些考量外，研究者必須注意到不同的研究設計，
會影響研究程序的決定。如同先前所提到的多重基準線設
計，可包含跨行為、跨個體或跨環境等多重基準線，雖然其
基本設計不變，但不同的基準線設計有其獨特的考量，應該
將其陳述出來。

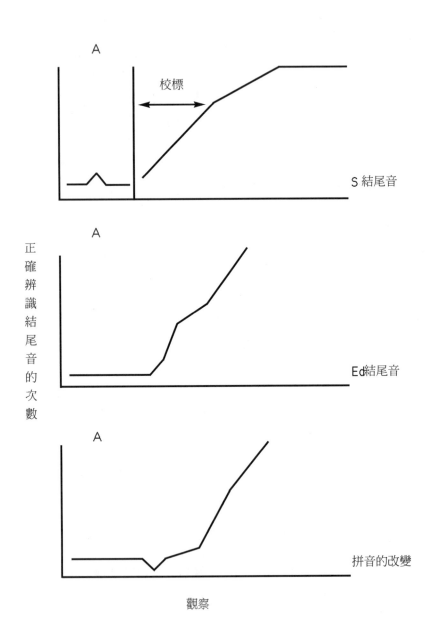

圖7-4 依變項中產生共變情形的範例

四、多重基準線設計的優點
(Advantages of the Multiple Design)

1.Cooper等人(1987)列出多重基準線設計的優點：

第一：在展現自變項和依變項的函數關係上，不需使用到撤回設計。

第二：自變項的後續執行方式，和很多老師的上課方式相似。

第三：可透過研究設計，來監控行為改變的普及性。

第四：此研究設計是容易了解和容易使用的。

2.多重基準線設計應該在下列情境中使用：

* 基於倫理考量下，撤回設計不可行時。

* 當有一個以上的標的行為、環境或個體需要處理時。

* 當自變項的效應不能被撤回時。

五、多重基準線設計的缺點
(Disadvantages of the Multiple Baseline Design)

1.Cooper等人(1987)注意到多重基線設計的限制有：

第一，共變量產生的可能性和函數關係無法清楚顯示；

第二，依變項在沒有自變項加入前，是不會改變的，且在加

入自變項後產生改變的驗證結果。 Cooper等人認為當自變項和依變項的關係可被直接觀察時，撤回設計比多重基線設計更適用；第三，多重基準線設計可處理在不同環境或不同個體上的多種行為，但對於依變項的分析，卻比其他類型的研究設計少。最後，執行多重基線設計是很耗時的，而且可能需要豐富的資源，因為需要同時測量二個或以上的依變項。雖然有這些限制，在研究中依然常常使用多重基準線設計來處理多樣的行為、個體和環境。

2.多重基準線設計不應該被使用於下列情境中：
* 當選擇的標的行為和自變項沒有相關時。
* 當只有一個個體、一種環境或一種標的行為為依變項時。
* 當一個以上的介入處理被用於示範函數關係時。
* 當資源受到限制而導致無法施行時。

本節將探討，依基本多重基準線設計所衍生的各種設計。第一，將討論在文中常見到的衍生設計（跨行為、跨環境或跨受試者）；第二，將討論這三個衍生的多重基準線設計可能的調整方式（例如：多重探試和延宕多重基準線）。

六、不同種類之多重基準線設計
(The Different Multiple Baseline Designs)

(一)跨行為多重基準線
(Multiple Baseline Across Behaviors)

　　在跨行為多重基準線設計中，所選取的同一個體在相同的環境下需表現出三種或以上的行為，而且所選擇的標的行為之間必須彼此獨立(Tawney & Gast, 1984)。且這些行為應有一定的相似性，會對相同的處理或介入，產生相似的反應（例如：增加、減少或維持每個依變項的量），而且在未有介入處理前，其依變項行為不應發生改變，直到介入加到某一依變項時才可發生改變。舉例來說，在教室中有個學生出現侵犯他人身體、口語威脅和野蠻行為，這三種行為將因為牽涉到對其它同學的虐待，而被視為有相似性。然而，另一種看法則認為身體侵犯不屬於威脅行為，因為在處理身體侵犯時，不可能和口語威脅和野蠻行為產生共變，如果他們之間沒產生共變，則這些行為是彼此獨立的。在跨行為多重基準線設計中，因為標的行為間，要同時達到相似性和獨立性是不容易的，故需特別注意產生的共變量種類，並要從介入處理或結果的觀點來看，其是否有產生共變的可能。此外，就研究的觀點，共變會使自變項和依變項之間的函數關係出現問題，進而造成研究者無法清楚的將自變項對依變項或標的行為的影響展現出來。Hersen 和Barlow(1975)注意到可合併許多標的行為來說明這個問題，例如使用 4 個或更多的基準線，將可減少共變的發生，只是，也有些人可能會

認為加入更多標的行為，將更容易導致共變的發生(Hersen & Barlow,1975)。其實，共變的優點是可讓研究者評估和分析介入處理對依變項的影響。舉例來說，研究者可能發現，當介入處理身體侵犯這個依變項時，口語威脅也減少了，而且在處理身體侵犯的同時，第三個基準線（野蠻行為）也可能發生改變。這樣共變的結果，雖然導致無法分析出這個介入處理對口語威脅的直接效應，卻可顯現出此介入處理效果之普及性。以下將進一步介紹跨行為多重基準線設計：

1.在使用跨行為多重基準線設計的重要主題包括：
　(1) 選擇的單一受試者能在同一環境下能表現出多種行為（至少2種行為，但最好是三種或更多種行為，以藉此得到一個函數關係）。
　(2) 利用這些行為間的相似性和獨立性，來決定介入處理時的先後次序。
　(3) 此種設計的合理預期是指相同的變項會對每一個依變項產生相同的影響。
　(4) 選擇的自變項可讓依變項產生相似，但又彼此獨立的改變。
　(5) 對每個標的行為有前後一致的記錄方式和一致性的決定標準。
　(6) 有信心可提供整個研究所需的資源和時間。

2.使用跨行為多重基準線設計的例子：

　　Davis太太已教Steve好幾週了，而Steve表現出一些干擾學習的行為，因此，被評定為有行為問題。舉例

來說，他會捏其他的學生，威脅同學說放學後見，並且
當他沮喪或生同學氣的時候，會做出一些猥褻的姿勢，
所以，Davis太太請求Lester醫師協助她來介入處理。
在使用軼事記錄後，二人對於Steve踢人、威脅和不雅動
作的操作性定義取得共識，並同時盡可能的找出有效的
介入方法。因此先選定最嚴重的標的行為（捏人）來處
理。他們也針對這三個標的行為在教室中出現的狀況，
做個別的基準線記錄。在找到穩定的反應，即刻對捏人
的標的行為做介入處理（利用增強其它行為，以干擾捏
人行為的出現）。並在六次介入後，捏人的次數突然降
為零。而此時，威脅和不雅動作仍維持基準線時的表
現。在接下來的4次介入後，威脅行為的發生頻次已降為
零，而且沒有捏人行為的出現，不雅動作仍維持基準線
時的表現。在最後的３次介入，不雅動作的發生頻次也
降為零，並且沒有再發生捏人和威脅行為，請參見圖
7-5對此研究的描述。跨行為多重基準線設計的主要優
點是介入效應對同一個體所出現的相似行為，具有普遍
的影響性，而主要的缺點是這些行為有產生共變量的可
能性。

(二)跨情境多重基準線設計
(Multiple Baseline Across Settings)

跨環境多重基準線設計和跨行為的設計很相似，都只採
用一個受試者。研究者找出激發相同行為的二種或更多種的
情境(一般來說至少3種)，在不同環境中，處理同一受試者

Single Subject Research

的相同行為。舉例來說，可在教室、學校大廳和餐廳等不同的環境中處理同一個學生的攻擊行為。雖然不需要有文獻來解釋環境的選擇原因，但是環境的選擇是以其物理特性來做區分。所選擇的環境之間有相似的功能，但又保有其獨特性的場所。舉例來說，學生表達的流暢性可於整個團體，合作性團體和報告的情境中做測試。由於不同的物理環境使得研究者在沒有進行任何介入前，無法得知行為將如何改變，故在收集所有環境下的基準線資料後，才開始介入處理，並且只從其中一個環境開始著手介入處理。當在第一個環境中達到反應標準或可接受的範圍時，研究者才對第二個環境中的行為做介入處理；在第二個環境中的行為反應達到標準時，就開始第三個情境的介入處理，而且在對下一個環境進行介入處理的同時，先前環境中的介入處理仍然持續進行。以下將進一步介紹跨環境多重基準線設計：

1. 進行跨情境多重基準線設計的重要主題如下：
   (1) 選擇的單一受試者能在多重環境下表現出相同標的行為。
   (2) 選擇在功能上相似但又彼此獨立的環境。
   (3) 此設計的合理預期是同一變項會在每一個環境中產生相同的影響。
   (4) 選擇的處理方式或自變項是會在每一個環境中產生相似效應。
   (5) 對每個標的行為有前後一致的記錄方式和一致性的決定標準。
   (6) 有信心可提供整個研究所需的資源和時間。

2.使用跨情境多重基準線設計的例子：

　　Stephens先生，Roberts太太和Michaels先生著手處理Sara的問題，是從她進入中學就讀至今已2個月了。Sara有輕度智能不足，她目前融合於十年級的班上就讀。在一次的開會中，所有人都關心Sara學業能力落後的問題，每個團隊成員都注意到，Sara因為花太多時間在找課堂上所需的材料，所以無法專心聽老師或其他同學在說什麼。所請Lester醫師來協助這個團隊以執行一項方案，而且每個老師都希望幫助Sara改變她的行為，他們也都同意以團隊的方式來介入處理（利用增強來減少延遲時間，使其可在鈴聲響即開始工作），在決定介入模式後，即開始收集Sara在每個班級的基準線資料。在基準線資料穩定後，Stephens先生即執行對Sara的第一次介入，而Sara在4次介入後即達標準（只延遲一分鐘）。在接受Roberts太太5次的介入後，Sara延遲的時間已降至1分鐘內，而且Sara在Stephens先生班上的表現仍維持1分鐘內的延遲，在Michaels先生的班上表現更好。最後，Michaels先生執行對Sara的介入結果和先前二位老師的介入結果相似，請參見圖7-6對此例子的敘述。

　　跨環境多重基準線設計的主要優點是可以顯示出同一個體在不同環境下對介入處理的反應為何，而缺點是較難控制無關變項對介入效應的影響，因為參與人員的不同、時段的不同、教導活動或實務性活動等之間的差異，都可能影響個體在環境中的表現，當研究者愈可操控可能影響的變數，就愈可能得到更明確的結果。

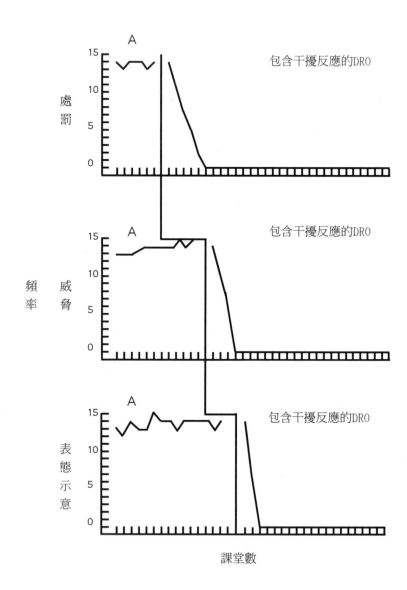

圖7-5 範例資料取自一個跨行為多重基準線設計 〝DRO〞
代表對其它行為的區別性增強

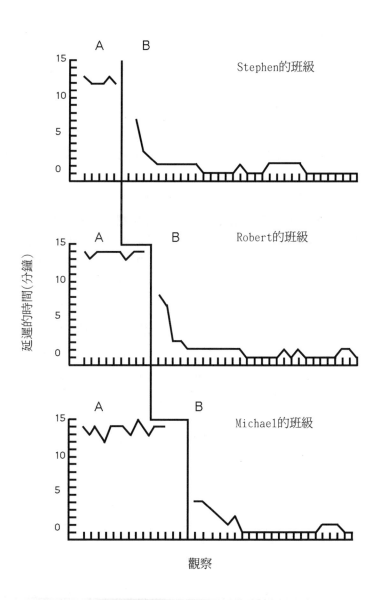

圖7-6 範例資料取自一個跨情境多重基準線設計

(三)跨受試者多重基準線

(Multiple Baseline Across Subjects)

　　跨受試者多重基準線設計和跨行為與跨環境設計不同之
處，在於有一位以上的受試者，而且這二位或以上的受試者
能在相同環境下產生相同標的行為，研究者在基準線階段測
量這些受試者的反應。舉例來說，在相同環境下有三個構音
問題的受試者，這些受試者間需要有一定程度的相似性，但
又彼此獨立，不會因察覺別人行為的改變，而跟著改變自己
的行為(共變量)，研究者也盡可能控制所有的變項。在跨受
試者多重基準線設計中，受試者所表現出的行為，並不需要
與文中列出的標的行為完全相同。這些受試者可以是在上課
中製造噪音的學生、干擾教學進行的學生和在上課中與同學
講話的第三個受試者。雖然，這三種個體的標的行為並不完
全相同，卻是彼此類似又具獨立性，只是研究者需對標的行
為下操作性定義，以找出受試者出現這些標的行為的例子。
以下將進一步介紹跨受試者多重基準線設計：

1.跨受試者多重基準線設計的重要主題如下：
　　(1) 選擇的受試者能在相同環境下出現相同標的反應。
　　(2) 選擇能表現出類似行為的個體，並且在介入處理前，
　　　　其行為不會有所改變。
　　(3) 此設計的合理預期是相同變項會對每個受試者產生相
　　　　同的影響。
　　(4) 選擇的自變項可對每一個受試者產生相似影響。
　　(5) 對每個標的行為有前後一致的記錄方式，和一致性的
　　　　決定標準。
　　(6) 有信心可提供整個研究所需的資源和時間。

2.使用跨受試者多重基準線設計的例子：

　　Ziegler太太是一位語言治療的臨床工作者，每天在六年級的班上，處理Ed、Charles和 Lydia三人的問題，他們三人在寫作上皆有問題。在對描述故事的寫作下操作性定義後，Ziegler太太和老師決定教導學生一個寫作的策略，他們希望此介入策略一次只教給一個學生，以確定此介入處理的有效性。一開始先測量每個學生在基準線階段寫作故事的能力，且發現每個學生的寫作中都出現數個錯誤。首先對Ed施行介入處理，Ed在接受5次教學策略介入後，其寫作中的錯誤降至可接受的水準，每篇只有二個錯誤，在此時，Charles和Lydia在故事寫作上仍舊出現很多個錯誤。接下來，Charles在接受3次教學策略介入後，寫作上所犯的錯誤降至2個或更少，此時Ed仍在繼續進步中，Lydia的寫作仍有很多個錯誤。最後，是Lydia接受教學策略的介入處理，她在寫作上也進步神速，並且所有的學生都持續維持他們的表現，請參見圖7-7對此研究結果的描述。跨受試者多重基準線設計的主要優點，是能顯示介入處理對具有類似行為的多位受試者之行為，產生改變的效應。主要的缺點，是這些受試者可能會因看到其他人的經歷，而調整自己的行為，因而造成共變效應。

　　要確認多位受試者彼此類似，卻各具有獨立性的行為是很困難的。雖然，多重基準線設計是多種用途的，且在使用上具有潛力，但在執行上，不論是跨行為、跨環境或跨受試者設計，都是需要有足夠的時間和資源來維持基準線狀況和收集資料，因為這個緣故，所以出現了多重基準線的調整方法，來克服這些困難。

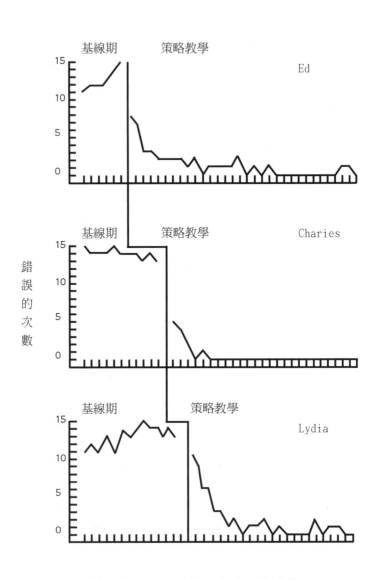

圖7-7 範例資料取自跨受試者多重基準線設計

七、多重基準線設計之調整
(Adaptations of the Multiple Baseline Design)

有二種主要調整多重基準線設計的方法：多重探試和延宕多重基準線設計，但這些調整方式，皆會減弱自變項和依變項之間的關係。

(一)多重探試設計 (Multiple Probe Design)

多重探試設計是跨行為、跨環境或跨受試者設計的調整設計（Horner & Baer,1978）。多重探試設計主要的變化是在減少對多重基準線資料的收集（含追蹤期或維持期），研究者在研究的一開始，即收集多重基準線資料。但是在開始介入後，即不再對所有的基準線作持續的記錄，研究者只在基準線階段的某些點作定期的記錄，以確保基準線資料在介入之前沒有改變（參見圖7-8：多重探試設計的例子）。這種定期的探試用於降低資源需求，包括對基準線階段的行為作持續的記錄和測量。一旦在介入階段中的反應達到標準時，研究者可以採取對資料的探試，以確保這些行為改變仍維持著。

此設計在預期、驗證和複製的程序與之前在基本多重基準線設計中所討論的相同，只是沒有持續的記錄基準線資料，所以研究者更應該要多注意自變項和依變項之間的關係。舉例來說，如果對基準線有多次探測，發現測量結果不一致時，研究者將很難解釋此現象，且無法辯稱共變現象不

存在，或聲稱基準線階段的反應已達穩定的水準，此種對資料的測量缺乏持續性的方式，也可能造成介入效應的不夠明確。

在執行多重探試設計的重要主題和之前在跨行為、跨環境和跨受試者多重基準線設計中所討論過的相同，只是多重探試設計的主要優點，在於所用到的資源較少。主要缺點是較難明確顯示變項間的關係，因此，研究者可能希望採取一些預防措施：

第一：探試的次數必須足以真實描繪基準線的反應。

第二：當發現某一次探試的結果，與其它的測量間有很大差異時，則需進行持續的基準線資料記錄（或至少用更頻繁的探試），以確實了解真實的基準線表現(Horner & Baer,1978)。

第三：研究者在引進自變項前，需要對行為、環境或受試者的基準線表現，做短期但持續的測量。

這些預防措施可能會增加對資源的需求，但是可以避免自變項和依變項間函數關係不明確的情形出現。

(二)延宕多重基準線設計

(Delayed Multiple Baseline Design)

當沒有足夠資源可以對基準線作持續的記錄時，延宕多重基準線設計可用於跨行為、跨環境或跨受試者的設計中。

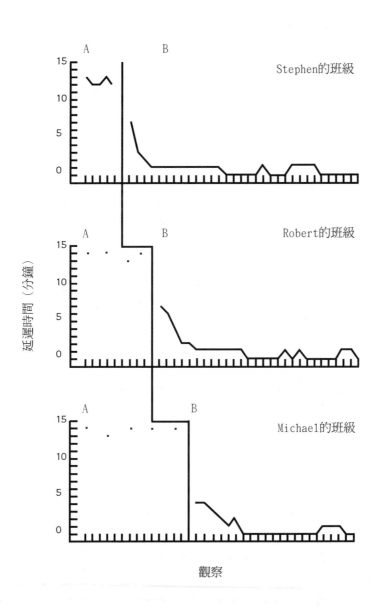

圖7-8 範例資料取自一個多重探測設計的例子

　　1.延宕多重基準線設計也常用於下列二種偶發事件中 (Cooper,1987)：

(1)研究者在開始研究時，想要採用撤回設計，但由於一些預料不到的情況發生，導致無法使用撤回設計。在這樣的狀況下，研究者可能會想藉由對基準線後的另一個行為，另一個環境或另一個受試者進行介入處理，企圖使研究結果明朗化。

(2)在研究類似介入處理的當中，新的行為、新的環境或新的個體可能會出現。舉例來說，一個學生可能會表現出一個相似但又具獨立性的新標的行為；一個個體可能在一個新的環境中出現相同的標的行為；另有一個新個體也開始出現相同的標的行為。如果原本的研究就認定此介入處理對其它的行為，環境或個體是有效的，則需對這些新的環境或個體做介入處理。但是無法分離預測、驗證和複製程序時，則不考慮採用延宕多重基準線設計。

　　2.下面是延宕多重基準線設計的例子：

　　Johnson太太是第一年教書，目前教四年級的學生。她無法處理Robert的行為問題，所以請求Hilary先生的協助，在使用ABC的觀察與記錄後，他們二人都認為Robert有學習障礙，並有許多行為需要改善，例如，Robert在課堂上常製造噪音和做不適當的發言。Hilary先生和Johnson太太都同意使用區別性的增強方式，來減少其干擾行為，在八次介入後，發現Robert的干擾行為降至可接受的範圍，即 1 堂課中最多出現一次的干擾行

為。但是Robert卻開始干擾Davis太太的音樂課，此時Robert在Johnson太太的班上仍可維持安靜。最後，Robert開始在Michael教練的班上出現相同的干擾行為，Hilary先生又再次收集基準線資料，並再次對所有的新環境進行介入處理。在這個例子中，研究開始時，並未將此新環境(Michael的班上)考量進去，參見圖7-9對延宕多重基準線設計的結果所作的描述。延宕設計的主要優點是需要較少的資源而且允許研究者將新發現的行為、環境和個體納入研究中。

Cooper(1987)提到延宕多重基本線設計有三個限制，第一，延宕處理其它的行為、環境或個體，可能會造成一些問題；第二，對基準線的資料點收集過少，可能會和實際基準線的狀況有所差異；第三，當新行為、環境或個體的出現而使用延宕設計，可能會掩蓋自變項對依變項的影響，因為研究者在對其它的基準線行為施行介入處理時，較不喜歡花精神在表現每個基準線階段仍維持不變，因此造成研究者難以解釋一些會產生影響的現象。Cooper等人(1987)提出使用延宕多重設計最好的時機，是用於一個已存在的多重基準線設計中，使得研究方向如同原本所計劃好的。

多重基準線設計是多功能的且易被了解的，在現今的研究文獻中，常發現它的存在，讀者可能會察覺第八章中的單純設計很少見於多重基準線設計中，而改變效標、改變情況和撤回的方式將以另一種的方式討論於第7章中。在文獻回顧時，千萬別被這各式各樣的方法所困惑，只需注意這些設計是為符合何種研究的需求而被操作和被改變。

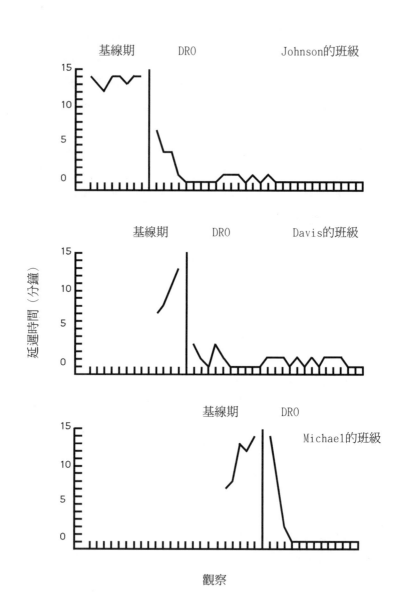

圖7-9 範例資料取自一個延宕多重基準線設計的例子

摘要檢核表
(Summary Checklist)

多重基準線設計的基本目標(Basic goal of multiple baseline design)——

藉由複製介入，以得知此介入處理對二個或更多的行為、環境和個體的影響效果，以證明標的行為和介入處理之間的關係。

基本設計(Basic design)——

基本多重基準線設計包括二個或以上的A-B設計，即基準線資料在被測量的同時，也將介入處理引導至一個行為，或一個環境或一個個體中。

預測(prediction)——

在基準線資料穩定後，可預期在沒有介入處理前，依變項的資料點不會有改變。

驗證(verification)——

當執行介入時，依變項的資料路徑，會如預期地改變。

複製(Replication)——

對每一個依變項重複進行預測和驗證的步驟。

共變量(Covariance)－－

在沒有介入處理施行於依變項時，基準線資料發生改變，且改變方向和介入期一樣；這對內在效度是一種威脅。

優點(Advantages)－－

不需要撤回介入；依序地施行介入處理，在研究設計當中，可看到整個行為的改變，且此研究設計易被瞭解和使用。

缺點(Disadvantages)－－

依變項可能產生共變量，又不像撤回設計容易直接看出結果，每個依變項只有一個介入階段，屬於費時且消耗資源的設計。

跨行為多重基準線設計(Multiple baseline across behaviors design)－－

在相同環境下，對同一人所表現的類似行為，施行相同的介入處理。

跨情境多重基準線設計(Multiple baseline across settings design)－－

在不同的環境下，對同一人所表現出的某一相同行為，施行相同的介入處理。

跨受試者多重基準線設計(Multiple baseline across subjects design)－－

在相同的環境下,對不同的人所表現出相同或類似行為,施行相同的介入處理。

調整(Adaptations)

多重探試設計(Multiple probe design)－－

可用於調節任何的基本設計;對基準線階段進行資料探試,而不是持續的測量;減少對資源的需求量;如果探試太頻繁或探試時,發現基準線資料不穩定,皆會造成問題。

延宕多重基準線設計(Delayed multiple baseline design)－－

當無法使用撤回設計,或有其它的行為、環境和個體出現,而需要介入處理時;無法同時測量基準線;無法明確顯示介入處理的效應。

 參考文獻 (Reference)

Alberto, P.A., & Troutman, A.C. (1999). Applied behavior analysis for teachers (5th ed.). Englewood Cliffs, NJ: Prentice-Hall.
Baer, D.M., Wolf, M.W., & Risley, T. R. (1968). Some current

dimensions of applied behavior analysis. Journal of Applied Analysis, 1, 91-97.

Barlow, D.H., & Hersen, M. (1984). Single-case experimental designs: Strategies for studying behavior change (2ne ed.). New York: Pergamon Press.

Cooper, J.O., Heron, T.E., & Heward, W.L. (1987). Applied behavior analysis. Columbus, OH: Merrill.

Hersen, M., & Barlow, D.H. (1975). Single-case experimental designs: Strategies for studying behavior change. New York: Pergamon Press.

Horner, R.D., & Baer, D.M.(1978). Multiple-probe technique: A variation of the multiple baseline. Journal of Applied Behavior Analysis, 11, 189-196.

Kucera, J., Axelrod, S. (1995). Multiple-baseline designs. In S.B. Neuman & S. McCormick (Eds.),Single-subject experimental research: Applications for literacy(pp. 47-63). Newark, DE: International Reading Association.

Tawney, J.W., & Gast, D. L. (1984). Single subject research in special education. Columbus, OH: Merrill.

第八章　多重基準線設計之應用

重要觀念

一、跨行為多重基準線設計

二、跨受試者多重基準線設計

三、跨情境多重基準線設計

本章將討論多重基準線設計相關的研究，這些研究將用以說明跨行為、跨環境和跨受試者的多重基準線設計。但本章將不討論多重探試和延宕多重基準線設計。我們將區辨每個研究是用以增加或減少行為，和此研究結果是否與學業、社會、行為、語言或生理需求相關，其研究背景將以圖表的方式，來描述受試者、研究問題、環境、自變項、依變項、研究結果、限制和任何與研究設計相關的層面。

一、跨行為多重基準線設計

(Multiple Baseline Across Behaviors Design)

以下為跨行為多重基準線設計的例子，其出處：

Hargrove, P. M., Roetzel, K., & Hoodin, R. B. (1989). Modifying the prosody of a language-impaired child. Language, Speech, and Hearing Services in the Schools, 20, 245-258.

(一) 研究問題 (Research Question)

一個行為本位的介入處理是否可改善或調整語言障礙兒童的說話方式？

(二) 受試者 (Subjects)

此研究的受試者是一位6歲男孩，因為說話的不流暢和無法令人理解的語言，而接受過三年半的治療，除了伴有心雜音和中耳炎的問題外，其它非語言的發展皆正常。雖然他在治療後有些進步，但是他在自發性語言上仍有一些問題。

（三）場所 (Setting)

此研究的環境是在這小孩的家中，研究的訓練者是語言病理學的研究生，由她執行每次的訓練和探試程序。在本研究開始之前，她先接受施行介入處理的練習，此練習是每天二次，持續九天，並使用錄影機來記錄訓練者的練習過程，在此階段並沒有給予受試者任何的語言訓練。

（四）依變項 (Dependent Variable)

本研究的依變項，是這小孩在說話方式上的表現，其表現標準是在 7 次介入後，有78%的機會表現出標的行為。在評定表現標準上，也依三項要素來決定：加重音的使用、語調和句子結構。對這個小孩的探試資料，包括在基準線階段的訓練和最後沒有治療的階段，其主詞、動詞和受詞的正確使用率，請參見圖8-1的描述。

（五）自變項 (Independent Variable)

此自變項包含訓練和增強的要素，在介入階段，使用正向的語言回饋、代幣增強和各類的線索。當正確反應發生時，即給予語言回饋和代幣增強。如果反應是不正確的，則訓練者可使用各種線索，以誘發出標的行為，此訓練過程是希望標的反應，能遍及整個探試資料中。

（六）設計 (The Design)

本研究是跨行為多重基準線設計。在同一環境下，對同一人所表現出的三種類似行為，施行介入處理，以測試其有效性。在行為表現未達標準之前，將介入處依序引導至研究中。當標的行為的出現達標準時，即中止介入處理。

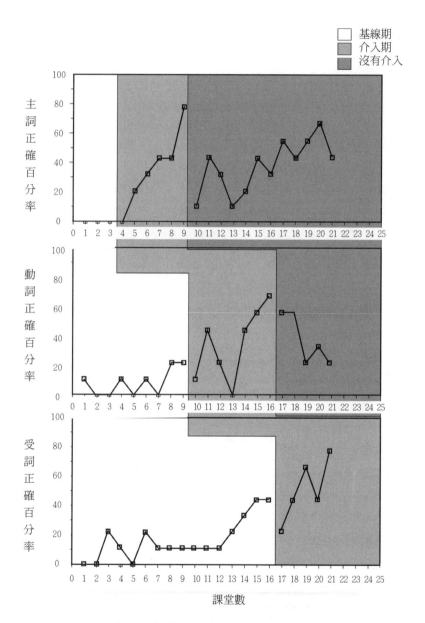

圖8-1 資料取自跨行為多重基準線設計

（七）介入 (The Intervention)

介入處理的方法包括在句子的使用上，提供有順序的訓練方式，使其可正確運用主詞、動詞和受詞。訓練者制定一套方法，在小孩錯誤使用句子之處，以提問題的方式，使小孩糾正其錯誤。訓練者提問題的方向，可和標的行為完全相反或矛盾(例如訓練者問說：〝Ann是不是有一支筆？〞；小孩說：〝不是，是Bob有那支筆〞)，隨機決定處理的順序與句子不流暢之處。每個訓練期，以使用27個標的句子來代表之，其內含各式各樣的主詞、動詞和受詞的排列組合。在探試期(是緊跟著訓練期之後)也是使用27種不同但相似的句子排列來測試，但是訓練者不對正確反應，做任何的回饋處理。

（八）資料獲得和圖示結果
(Obtaining the Data and Plotting the Results)

收集的資料內容包括受試者在探測項目上的表現(主詞、動詞和受詞的使用)，並將資料繪於X-Y圖上，以找出受試者未受訓練的行為表現。

（九）結果 (Results)

本研究的結果顯示，藉由訓練可改善說話方式上的問題。本研究計劃的優點，在於注意到受試者的進步。在探試階段，受試者在二種行為的表現達到78%的正確率。在第三

種行為上，則達到67%的正確率(是在7次介入後所測量的結果)。本研究主要目的，在探討一個介入處理，是否能有效改善語言障礙小孩說話的方式，而研究結果發現此介入處理具有快速促進的效果，但無法維持穩定表現的訓練效果。在不同觀察者間對自變項的同意度達100%(對其訓練程序的同意度則達98.1%～100%)；在探試階段，不同的觀察者間對小孩反應正確率的同意度是76%(同一觀察者間的同意度是87%)。作者發現76%同意度，是由於訓練者在評估小孩反應正確率的標準上，比較寬鬆。

(十) 為何使用跨行為多重基準線設計
(Why Use a Multiple Baseline Across Behaviors Design？)

研究者的興趣在確定受試者是否可藉由主詞、動詞和受詞的使用，來增進說話方式，並使用跨行為設計，將這三個部分視為三個行為來處理。跨行為設計的一個重要要素，是所選擇的行為在功能上是彼此獨立，且在標的反應間沒有共變量的存在，這也提高了本研究的內在效度。

(十一) 研究限制 (Limitations of the Study)

本研究限制，包括缺乏對訓練要素的明確界定或有些合併出現的要素可能會對結果有影響。舉例來說，訓練者在介入期，可從不正確反應中選擇各式各樣的線索。然而，由資料中得知，訓練者太固著於研究程序上，從訓練期至介入期，使用了許多資源。

（十二）總結 (Summary)

　　對此跨行為多重設計的相關要素總結於表8-1，這個研究顯示出在相同環境中，同一人的相似行為如何被改變。

特質	描述
研究設計的類型	跨行為多重基準線。
研究目標	決定是否一個行為本位的處理，可影響或調節一個語言障礙兒童的說話方式。
受試者	一個因語言障礙而接受相關服務的男孩。
環境	小孩的家。
依變項	小孩的說話方式。
自變項	正向語言回饋、代幣增強和伴有特殊處理的一些線索。
結果	在長達九天的介入處理後，發現受試者在探試項目中的二種行為表現，達到78%的正確率，而在第三種行為上，則達67%的正確率。

表8-1 總結〝調整語言障礙兒童的說話方式〞

二、跨受試者多重基準線設計
(Multiple Baseline Across Subjects Design)

以下為跨受試者多重基準線設計的例子，其出處：

Yoder,P. J., Yarren, S. F., & Gazdag, G. E. (1994). Facilitating prdlinguistic communication skills in young children with developmental delay: II. Systematic replication and extension. Journal of Speech and Hearing Research, 37, 841-851.

(一) 研究問題 (Research Question)

本研究問題，是以下列研究假設的方式來陳述：
(a)調整環境，以利介入的過程和類化的產生。
(b)在介入階段和基準線階段，母親對小孩的溝通行為有很大的影響。
(c)老師和母親能指引小孩語言上的溝通行為。

本文將焦點放在第一個假設上。

(二)受試者 (Subjects)

本研究的受試者，是四位智能不足的小孩，年齡在２１－２７個月大，由大學附設學校的發展障礙學前班中篩選出來，藉由標準化的嬰兒發展與溝通行為量表，篩選出發展年

齡低於實際年齡的小孩，收集其基準線和其它資料，包括無
語言和口語表達能力的遲緩。

(三)場所 (Setting)

本研究的環境，是一早期療育計劃的場所附設於大學
中，設計給0到3歲發展遲緩的小孩。所有的階段，包括基
準線階段和介入階段，皆於遊戲室進行，此遊戲室的設置和
材料的考量，均和小孩年齡相當。

(四)依變項 (Dependent Variable)

資料收集的範圍，雖包括成人與小孩的行為。然而，我
們將焦點放在小孩的行為上，受試者的行為類型包括意圖性
的提詞，自發性的請求和其它意圖性的溝通（例如：評論、
抗議和問候）。研究者使用錄影來協助資料的收集，不論是
直接觀察或錄影，皆取10分鐘的行為標本來做分析。研究
結果以圖8-2的方式表示之。圖中受試者對訓練者和對母親
的意圖性請求行為的記錄方式為(○：訓練者，△：母親)，
而受試者以字母A-D代表之。

(五)自變項 (Independent Variable)

本研究的教學法，用於增加小孩的意圖性請求行為。提
詞行為的逐漸消弱方式用於部分的教學過程中，包括小孩參
與活動時，工作人員所著重之處和媽媽提供的增強。

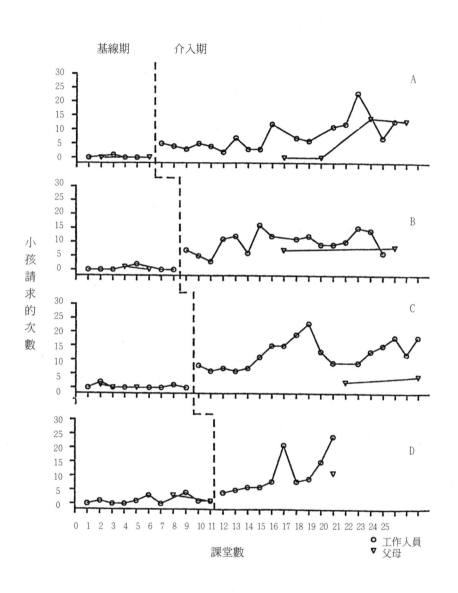

圖8-2 資料取自跨受試者多重基準線設計

（六）設計 (Design)

利用跨受試者多重基準線設計來評估一個介入處理(對四位受試者教導意圖性要求)是否有效。在基準線階段後，訓練二位工作人員，將介入處理施行於受試者，當介入處理被依序引導至每個受試者時，研究者用反應的突然改變和資料點的坡度，來當作介入有效性的指標，而不是將其視爲把介入移至下一個受試者的指標。

（七）介入 (Intervention)

本研究由二位經過訓練的工作人員執行介入處理。在基準線階段，雖然有很多互動機會，但不鼓勵工作人員和四位受試者溝通。在和媽媽一起的階段中，則鼓勵父母和小孩一起談天與遊戲，每個小孩在基準線階段的觀察長度，皆不相同。但是所有個案和工作人員一起的時間，比與媽媽一起的時間，較早發生也較長。教導小孩的時間是每天２５分鐘，每週四天，但這四位受試者的總教導時數因人而異。在介入階段，訓練者需盡力維持小孩參與活動的興趣，一旦受試者表現出參與活動的興趣，訓練者即以各種直接的提詞方式來教導〝請求〞(例如，問小孩〝你想要些什麼？〞)。在適當時機，訓練者提出直接的詢問、示範或身體上的協助，來誘發出完整的請求行爲。當小孩學會標的行爲時，即以逐漸減少提詞的方式，希望最後小孩能在活動暫停之際，即可提出意圖性的請求行爲。

（八）收集資料和圖示結果
(Obtaining the Date and Plotting the Results)

本研究的結果以X-Y圖呈現小孩對工作人員和母親的意

圖性請求的數目。在四位受試者的介入階段後，預期他們在意圖性請求行為的數目，和溝通行為上都增加。

（九）結果 (Results)

　　研究結果顯示出調整後的教學方式，能有效地促進智能不足小孩的意圖性請求和非語言的請求方式。此介入處理有助於小孩對父母，和對老師之間的一般性非語言的溝通。研究者使用非母數統計分析，來比較出小孩對父母和對老師間，較常使用的意圖性溝通行為。在所有受試者的意圖性請求行為上，觀察者間的一致性達90.9%。

（十）為何使用跨受試者多重基準線設計？
(Why Use a Multiple Baseline Across Subjects Design？)

　　研究者使用此種設計的原因如下：(1)易於觀察介入處理的效應；(2)其它的設計並不適當。舉例來說，如果使用撤回設計，那當請求增加時，則無法藉由回復原本的行為，來表現出介入處理的效應；(3)依序的施行介入，有助於驗證介入處理的效應，且和其它設計相較下，對受試者較不具侵入性；(4)因此研究預測在介入處理和受試者的表現間，具有一定的相關性。

（十一）研究限制 (Limitations of the Study)

　　本研究的限制如下：(1)要讓媽媽參與介入階段是很困難的；(2)由於小孩遲緩的情形，介入處理的效應較難被推

廣至和媽媽的互動中，也因此將推廣階段排在介入階段之後；(3)在未來研究中，可能要加入控制組和實驗組以提高研究結果的效度；(4)雖然小團體是單一受試者研究設計的特點，但是小團體（4位受試者）會影響到此介入推廣程度的可靠性。

（十二）總結 (Summary)

此跨受試者多重基準線設計的總結性描述請見表8-2，此外，讀者應將先前討論過的標的行為謹記在心。

特質	描述
研究設計的類型	跨受試者多重基準線。
研究目標	找出增進意圖性請求的方法。
受試者	4位21-27個月大的智能不足小孩。
環境	附設於大學中的早期療育課程。
依變項	對受試者的意圖性提詞、自發性請求和意圖表現前的訊號。
自變項	調整後的教學方法。
結果	調整後的教學方法對於增進意圖性請求，和促進與媽媽間的溝通是有效的方法。

表8-2 總結〝促進發展障礙兒童的溝通技巧：
II.系統性的複製和擴展〞

三、跨情境多重基準線設計
(Multiple Baseline Across Settings Designs)

以下為跨環境多重基準線設計的例子，其出處：

Cushing, L. S., & Kennedy, C. H. (1997). Academic effects of providing peer support in general education classrooms on students without disabilities, Journal of Applied Behavior Analysis, 30, 139-151.

(一)研究問題 (Research Question)

本研究問題著重於評估由非障礙學生所提供的同儕支持，對非障礙學生的課業有正面或負面影響？

(二)受試者 (Subjects)

本研究的受試者是二位11歲的學生，名字是Louie和Leila，本研究還有另一組學生，但是本文只將焦點放在這二位學生身上。Leila是中度智能障礙的學生，而Louie是Leila的同儕支持者，選擇Louie的原因是他和Leila同班，他又有和障礙學生共同學習的意願，而且他在班上活動的參與度比一般同學低。Leila則是喜歡社交的，但是她的語彙有限，而且有構音困難。Louie的表現則是易受干擾、無法準時交作業、成績差和上課不專心。

(三)場所 (Setting)

本研究環境是一間郊區的學校，它容納了1100不同背景的學生，在這個學校接受特殊教育的學生是全時間融入普通班教育中，故本研究環境包括英語教室、科學教室和社會研究教室。

(四)依變項 (Dependent Variable)

本研究的依變項是Louie參與學業性活動的時間百分比，包括參加進行中的教室活動、參加工作相關的作業，或是包含二者。研究者使用1分鐘瞬時間取樣程序(在55分鐘的上課時間中取受試者在最後1分鐘的表現)，在本研究中的觀察者是特殊教育人員，對此研究結果的圖示請參見圖8-3，資料路徑中的分裂線是表示Louie的缺席。

(五)自變項 (Independent Variable)

本研究的自變項是學業性活動中的同儕支持系統，包括了與Leila一起時Louie的參與度、特教老師所提供的訓練與監督和一般老師的監督。更詳細地說，自變項包括Louie協助Leila在完成作業的表現上、Louie在教室中的參與度和Louie對作業所作的調整三項。特殊教育人員將近每10分鐘對Louie觀察並對其表現下評論，如果Louie對於課程內容、調整後的內容和簡單的例行回饋有執行困難時，則有人員提供協助。另外，一般教師的工作是當Louie給了Leila同儕支持時，即給予稱讚。

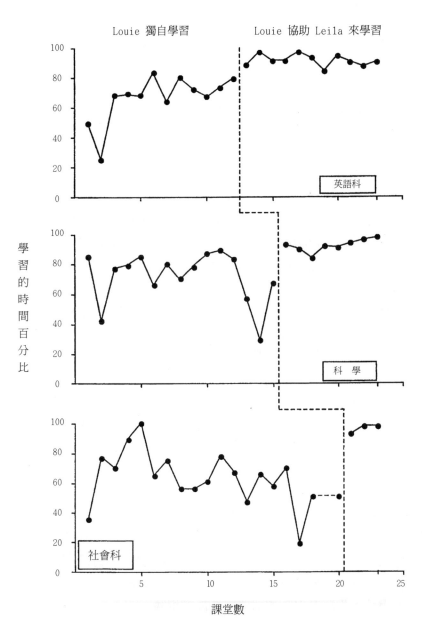

圖8-3 資料取自跨情境多重基準線設計

Single Subject Research

(六)設計 (Design)

本研究是採用跨環境多重基準線設計，將介入依序引導至每一個環境中，以促進Louie的學業性參與度。

(七)介入 (Intervention)

本研究的介入處理是指Louie對Leila所提供的同儕支持，此同儕支持的重點在，特教人員教導Louie如何和Leila互動，包括行為管理策略、對課業的調整使其符合個別教育計畫(Individualized Education Program)的目標和溝通策略。舉例來說，藉由口語的描述、樹立模範和對正確表現的稱讚來教導Louie如何改編作業，這是在特教人員提供Louie持續數天的改編作業之訓練後，Louie為Leila作筆記，並且將這些筆記改寫，以適合Leila的程度。

(八)資料獲得和圖示結果
(Obtaining the Data and Plotting the Results)

收集在英文教室、科學教室和社會研究教室中，Louie從事學業性活動的時間百分比，而在一般教室中的測量和觀察，則當作基準線的資料。此基準線資料是用於和當有Louie作Leila同儕支持時，在不同環境下的表現做比較，每個環境下的觀察次數和同儕支持都不相同。

(九)結果 (Results)

本研究結果顯示當Louie做Leila的同儕支持時，Louie從事學業性活動的時間增加了，用Likert類型的表格來測量成人對Louie在教室表現的看法，這些資料顯示Louie持續進步的表現，這些表現包括聽從指示、參與活動、完成作業、攜帶必需品和遵守規則。

(十)爲何使用跨環境多重基準線設計？
(Why Use a Multiple Baseline Across Settings Design？)

如果只對一個環境進行觀察，則研究結果將較不具說服性，因爲有這三個性質相似但又各自獨立的環境，故不需要使用撤回設計，即可對所有的環境施行介入處理。這三個依變項並無共變量的存在，在最後二個環境中，發現在介入後參與課業的時間百分比增加了，因此更顯示出介入處理的有效性。

(十一)研究限制 (Limitations of the Study)

本研究限制是在選擇學生樣本時，要以系統性複製的方式，在各類沒有殘障的學生中做選擇，以找出合適的學生樣本。另一個關心的重點是在已經表現很好的學生身上是否也具有正面的效應，本研究個案Louie，由於過去並未表現出其潛能故期望此介入處理可促進其表現。

(十二) 總結 (Summary)

本研究的總結性描述參見表8-3。此研究也有採用撤回設計，只是我們將焦點放在Louie和Leila身上，藉以描述跨環境多重基準線設計。多重基準線設計是多樣的，而且容易了解的，但是多重基準線設計對資源和時間的需求較多，故在有些時候可能會發生困難。除此之外，也可能無法找到需要此介入處理的行為、環境或受試者，或無法快速確認出介入有效性的缺點，因為這些考量，其它的設計可能是較合適的，包括下一章將討論的替代處理設計。

特質	描述
研究設計的類型	跨環境多重基準線設計。
研究目標	由本身沒有殘障的學生對殘障學生所提供的同儕支持，將對本身沒有殘障學生的學業表現有正向的影響。
受試者	二位11歲的小孩，Louie(非殘障學生)和Leila。
環境	擁有1100位學生的郊區學校中之英語教室、科學教室和社會研究教室。
依變項	Louie參與課業之時間百分比，包括參與教室內活動和參加與學業相關的活動。
自變項	同儕支持的學業性活動，包括和殘障學生一起學習，以及獲得由特教老師和一般教師所提供的訓練和監督。
結果	當Louie提供Leila同儕支持時，Louie參與學業性活動之時百分比增加了。

表8-3 總結〝在一般教室中，藉由本身沒有殘障的學生，來提供同儕支持對本身學業的影響〞

第九章　替代處理設計之概論

重要概念

一、無基準線之替代處理

二、有基準線之替代處理

三、有基準線替代處理及最後處理階段

四、預測、驗證及複製

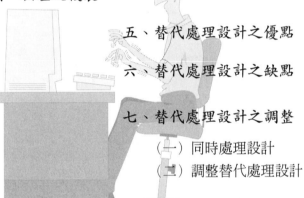

五、替代處理設計之優點

六、替代處理設計之缺點

七、替代處理設計之調整

（一）同時處理設計
（二）調整替代處理設計

王淑仙

　　替代處理設計允許在同一行為上比較兩個或兩個以上自變項（處理）的效果。對常關心在數種介入程序中何者是最有效的教育家或臨床工作者而言，是很重要的設計。替代處理設計又被稱為多元素設計（Ulman & Sulzer-Azaroff,1975）及多時制設計（Hersen & Barlow,1976）。它也常被誤稱為同時處理設計（Kazdin & Hartmann,1978）或同時制設計（Hersen & Barlow,1976）。這些的確可說是替代處理設計延伸的變化，稍後在本章中會加以討論。

　　使用替代處理設計的基本要求為「要瞭解在單一標的行為上，迅速的替換兩個或兩個以上不同處理（例如：自變項）的效果（Cooper, Heron, & Heward,1987；p.181）。事實上，可在同一時期內、同一天內跨不同時間或跨不同天數內做替代處理。替代處理設計包括兩個重要的觀點：

　　第一、所呈現的介入處理必須達到平衡。舉例來說，如果有三種處理（A、B和C），他們必須隨機出現（例如：ABBCABABC、BCA、CAB、ACB、BAC、CAB）或成一區塊。在這三種處理中大概可分為六個區塊：ABC、BCA、CAB、ACB、BAC、CBA。研究者必須確定每一種處理（或處理的區塊）出現的次數是相同的（Alberto & Troutman,1999）。另一重點是各方面的處理都要達到平衡。舉例來說，如果在同一天中的不同時間或不只一人處理時，則研究中的這些地方也同樣需達到平衡。

　　第二、受試者應可區別不同的介入處理情況。如果介入處理間很不相同時，則很容易做到。有些時候介入處理的性質可以幫助受試者做區辨（例如：作業單的使用及實際操作以增加數學計算技能）。若需要的話也可以使用口語提示

（例如：「今天在你完成科學作業後，將可以得到集點點數」）。其他如暗示卡或符號等方式也可以使用。重要的是區辨的刺激必須與介入處理有相關（Cooper et al., 1987）。

替代處理設計還有一個有趣的特色，那就是它並不像典型的單一受試者設計，它不需要收集基準線資料。然而，Neuman（1995）指出可能的話仍須收集基準線資料。事實上，基本的替代處理設計包括三種不同的類型，兩個包括了基準線資料，另一個則無。這三種類型為：**無基準線替代處理設計、有基準線替代處理設計**及**有基準線替代處理設計及最後處理階段**。另外替代處理設計也常和其他單一受試者設計一起使用。例如：研究的第一階段可能使用替代處理設計來決定若干的介入何者是最有效的。然後，可運用撤回設計（在第五章所討論的）以進一步建立這最有效處理與標的行為之間函數關係。

一、無基準線替代處理
(Alternating Treatments With No Baseline Design)

如前所提及的，當使用替代處理設計時，並不需要收集基準線資料。所以，處理階段可以立刻執行。然而，必須強調的是許多人在使用這種設計時，可藉由替代處理之一的無處理階段當作是一種基準線資料。有時會稱為含控制情境設計的替代處理（Alberto & Troutman, 1995）。Cooper等人（1987）警告無處理狀態並不能被認為是介入前的基準線情境。當無處理階段與不同的處理階段相交替時，也許會有多

重處理干擾（Barlow & Hayes,1979），它是指一個情境的處理效果會延續或在某種方式下影響其他情境。這會導致從無處理階段所得到的資料，與在未介入處理之前所得的基準線資料，有所不同。多重處理干擾的議題在第四章已討論過，在本章稍後會再更深入探討。

以下為無基準線替代處理設計的例子。在這個例子中包括了無處理情境。

Jimmy 和 Sue是五歲的輕度自閉症學生，擁有極少但明顯出現的口語能力。當和同儕接觸時，他們經常使用負面陳述（如：不喜歡你、閉嘴）而較少使用正向的句子（如：『你想要玩嗎？』及『你叫什麼名字？』）。老師希望增加這兩位學生使用正向句子的次數。她決定要瞭解以口語讚美對代幣制來作為使用正向句子的增強效果為何？她並指出這兩種方式過去都已有人使用過但都無法確認它們彼此的相對效用。在仔細定義何謂正向陳述後，她隨機分派三種處理情境：對於正向陳述沒有任何增強（A）；對正向陳述給予口語讚美（B）；及有正向陳述時給予代幣（C）。在每天排定30分鐘的隨意時間，開始不同的偶發事件及資料收集。她仔細解釋之前在班級為每個人設計的增強表中代幣制的使用，一天的開始時，老師告訴學生什麼情境會有什麼結果。例如：「今天我要告訴你們的是當你們每次對同學說了某些好話時，你們就做了一件很棒的事。」或是「今天如果你們每次對同學說好話時，我將會給你們一枚代幣，這樣你們就可以獲得你們願望表中的物品。」

如所提及的，重要的是處理必須隨機分配或在某種方式

下達到平衡，以避免次序效應。資料收集後才得以決定三個
處理情境何者是最有效的。這些資料可參考圖9-1。同樣的
設計可藉由省略無處理階段而只比較兩個處理情境，雖然關
於處理對無處理的好處並不會提供有價值的訊息。

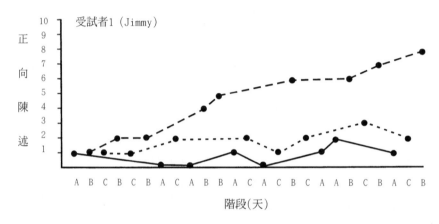

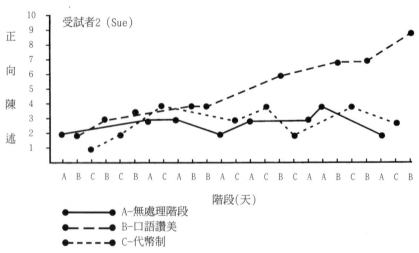

圖9-1 無基準線替代處理設計範例

二、有基準線替代處理
(Baseline Followed by Alternating Treatments Design)

在可能的情況下，一般皆同意在替代處理介入之前仍須收集起始的基準線資料。雖然它並不是必須的，但是理論上，就如其他單一受試者設計，基準線資料應證明反應的穩定比率。然而，有兩種情形，在教育或臨床上是不可能或不適當的。

1. 當標的行為的本質是很嚴重的，在道德上，應不能收集基準線資料。例如一個兒童的自我手淫行為。因為標的行為的本質，應有道德的立即介入處理。這和B-A-B設計（在第五章中所討論的）情形類似。

2. 當朝向反治療方向的進行時，基準線資料不會達到穩定。例如，標的行為的頻次、口語侮辱等，在基準線狀態時並不會達到穩定。事實上，它會在一個稍微穩定的比率下增加。然後停止基準線資料的收集，而展開介入階段。

Tawney 和 Gast（1984）列出在使用有基準線處理設計時的四個步驟。

1. 研究者應仔細地定義自變項及依變項。
2. 他們必須決定達平衡處理時間表。
3. 他們應收集於一段時間的依變項的基準線資料。重要的是雖然那是較好的，但在處理介入之前，基準線階段並不一定要達到穩定。

4.最後，研究者應介入先前已決定順序的處理。另一個
　選擇是藉由無處理情境來作為替代處理之一，以持續
　收集基準線資料。這會變成一個較有力的設計。

　　以下為利用先前所提的研究來作為有基準線替代處理設
計的例子，如圖9-2所示。這最主要的不同是在任何處理階
段介入前收集基準線資料。另一個不同在於圖9-1所提供的
無處理階段的資料已刪除。

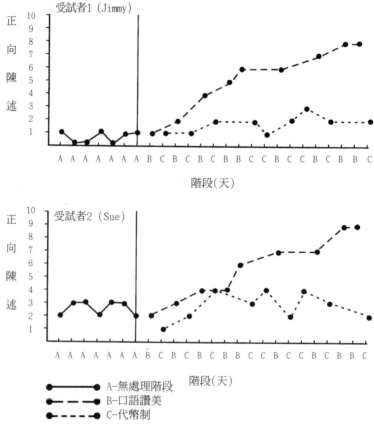

圖9-2 無基準線替代處理範例

三、有基準線替代處理及最後處理階段設計
(Baseline Followed by Alternating Treatments and a Final
Treatment Phase Design)

　　在科學和道德的理由下，在決定最有效處理之後，持續的執行是很重要的。所以，在使用這項設計時，研究者首先將收集起始的基準線資料，然後介入替代處理，以決定何者最為有效。最後，只使用最有效的處理，以持續這項研究。藉由前述之研究資料，來作為有基準線替代處理及最後處理階段之例子（見圖9-3）。事實上，口語讚美為最有效處理，因此，在最後處理階段時則唯一採用之。在這樣的方式下，對於較不具成效的代幣制所花的時間及計畫執行的努力便可褪除。

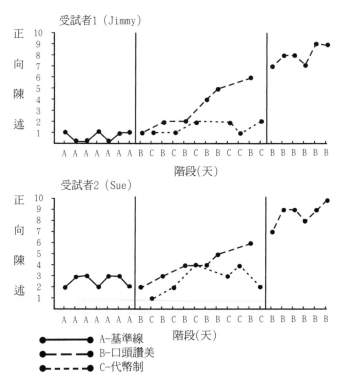

圖9-3 有基準線替代處理和最後處理階段設計範例

四、預測、驗證及複製
(Prediction, Verification, and Replication)

　　對於替代處理在預測、驗證及複製方面有正反兩面的看法。一方面，Alberto 和 Troutman（1999）指出決定自變項與依變項間的函數關係相較於倒返及多重基準線設計是較薄弱的。另外，多重處理干擾的可能性，也許會產生延續的效果，而使不同處理對依變項的關係變得模糊。且如同其他單一受試者設計一樣，應特別地強調外在效度。複製替代處理於不同受試者、不同實驗及/或不同情境的結果是很重要的。

　　另一方面，Cooper等人（1987）認為替代處理設計的本質強調下面三個議題中的每一部份。

1.預測--在同一處理下，每一資料點，可當作未來行為的預測物。
2.驗證--在同一處理下，每一連續的資料點用來驗證先前預測的表現。
3.複製--每個連續的資料點，係藉由其他處理來複製出不同的效果。

　　舉例來說，考量呈現在圖9-1中的Jimmy資料。在第九天或資料點後（每一情境已呈現三次後）畫一垂直線。每一情境的最後資料點當作是每一情境的下一資料點之預測（predictor）。然後，若在下一個資料點的位置之後（四天後）劃另一條線，它可驗證先前的預測。當你去看超出時間

的其他資料點，你會注意到當三個資料點的位置分離時，同樣的趨向延續著。這提供了不同處理的相關效果的複製（replication）。

Neuman（1995）也指出從兩個理由來看替代處理設計可以有好的內在效度。第一，反應的型態隨替代處理情境而變化，所以在情境中，資料之間較少有重疊現象。第二，如果一個處理和一個反應的改善水準一致，則這個設計證明有好的實驗控制。與可能的多重處理干擾的負面效果，相反的可以透過處理平衡以減少次序效應的正面效果。清晰可見的是如同其他單一受試者設計一樣，替代處理設計的使用應注意符合依變項及自變項的配對。

 # 五、替代處理設計的優點

（Advantages of the Alternation Treatments Design）

替代處理設計有許多優點。如前面所提及，對於那些有興趣於決定何者是最有效介入的老師或臨床工作者而言是很理想的。事實上，因為處理的替換是快速的。通常決定它們之間的相關有效通常比使用其他設計更快。如果在處理介入之前，沒有收集基準線資料，這過程會特別地快速。然而，應牢記於心的是，研究者為製造處理有效的重要個案，應先收集那些處理前的資料。

替代處理的另一個優點是，在介入開始之前，基準線資料不需達到穩定。如第四章所提，對大部分單一受試者設計而言，基準線的穩定為預測、驗證及複製的重要先備條件。

然而,這並非總是可能實現的。Cooper等人(1987)注意到,對很多依變項來說,達到穩定的基準線可能是困難的,因為行為的改變只是介入自變項的功能。這也可當作是練習效應。例如,假設一位老師有興趣瞭解在字的辨認上的語音及全語言方式的效果。如果學生先讀了字表以建立基準線,則學生在字的辨認技能上,可能因為練習效應,而在基準線時有實際進步(尤其是假如這是學生不需要花太多時間去練習的技能)。這會導致基準線絕不會穩定。再來,因為穩定的基準線,並非為替代處理的先備條件,所以,當在使用較易受練習效應所影響的依變項時,替代處理設計也許是一個較好的選擇。

有些單一受試者設計(例如,A–B–A–B或A–B–A–C)需要撤回處理,以證明自變項與依變項間的函數關係。當使用替代處理設計可避免倫理考量,因為不用撤回處理是必要的。此外,因為通常可以很快地決定出何者是最有效處理,因此,花在無效處理的時間就較少。這可藉由有基準線處理及最後處理階段的設計來完成。再者,替代處理設計在教育或治療的安置上,似乎是一個不錯的設計。

如前所提及的,另一個要點是,在替代處理設計中,利用平衡有利於消除次序效應。假定一個在第五章曾討論過的A–B–A–C撤回設計,用在我們之前所描述決定之口語讚美(B)及代幣制(C)在增加正向陳述(A情境表示基準線)的研究。口語讚美階段(B)的表現,可能在代幣制階段(C)對於學生的行為有影響。相同地,如果用其他次序處理,代幣制階段在口語讚美之前,則第一個處理情境也許會影響第二個處理情境。藉由替代處理設計,就可以避免這個問題,因為B和C階段(或A、B和C階段)將會達到平衡。

總結來說，下列的指標可幫助決定何時應使用替代處理設計。

- 當你想要決定一個以上的處理，在同一行為的有效性。
- 當基準線資料無法得到或達到穩定時。
- 當彼此之間的處理有足夠差異時。
- 當受試者可以區辨處理情境時。
- 當介入的次序效應可能混淆結果時。

 # 六、替代處理設計的缺點

(Disadvantages of the Alternating Treatments Design)

雖然替代處理設計有許多優點，但相對的它也有不少的缺點。如前所述，當使用這項設計時，一個主要的考量即是多重處理干擾的可能性。事實上，替代處理設計的真正本質在於需要介入的快速變換，會直接地導致這個情境。多重處理干擾導致特殊處理效果的掩蔽，因為其他處理也許會受影響、混淆或延續。就像前面曾提及的多重處理干擾也會影響無處理階段，所以造成這個狀態不同於真正的介入前基準線狀態。然而，在替代處理設計中的多重處理干擾可能被減少。第一、如果這些處理彼此間相當的不同，則多重處理干擾的可能性可以減至最少。舉例來說，研究者想要減少一位唐氏症學生發脾氣的次數。他選擇兩種隔離類型當作處理。第一，有條件的觀察。允許學生看及聽教室內即將進行的

事，但不給予增強。第二，排除的隔離。允許學生聽教室內發生的事情但不許看即將要進行的事，也不給予任何增強。在這種情況下，多重處理干擾的機會，比使用有條件的觀察及更多不同的處理，如其他行為的區別性增強（DRO）要大很多。另一個有助於減少多重處理干擾可能性的建議，為在設計的尾端包括最有效處理的呈現。這就是先前所討論過的有基準線處理及最後處理設計。在這種方式中，單獨地最後處理的效果，有利於消弱多重處理干擾（Cooper et al.,1987）。

一個需探討的相關議題即是可逆性。如前所提，撤回處理以證明標的行為，而倒返基準線水準，在替代處理設計中並不需要。然而，若依變項是在不預測可逆性或預期之下所選擇的，則替代處理設計就不適合使用了。舉例來說，假設一位老師對於使用兩種不同方法，來教導語音有興趣時，一旦學生正確地學習到聲音--符號的關係，則它很可能且合理的會被保留，因此不同處理效果將無法適當地決定。

另一個替代處理設計的缺點是，它不適合使用在無法區辨不同處理情境的個體上。如前所述，這是使用這項設計的先備條件。舉例來說，對於有嚴重認知缺陷的個體，需讓他在相關且精細的處理情境間做區辨，也許不是很適合。此外，替代處理設計對於評估改變緩慢，或需維持一段時間來實施的自變項，其效果不佳（Neuman,1995）。事實上，處理應可以一時段接著一時段的產生改變。考量以下兩個例子來證明這個觀點。第一個例子適合於替代處理設計，第二個則否。

例一：

　　Smith小姐是三年級學習障礙班的老師，她有兩位學生因為錯誤的操作，而在數學計算方面表現得較差（例如把加當作乘；把減當作加）。Smith小姐想要知道在兩個介入方式中，哪一個最為有效。在25題的作業單中，因為錯誤操作，這兩位學生通常會有7-101個錯誤。第一個介入為彩色操作符號暗示的使用（例如，藍色〝＋〞，紅色〝－〞，綠色〝×〞）來當作一個視覺線索，以提醒他們應使用何種操作方式。第二種介入為使用寫在作業單頂端的視覺提示「想想符號」。

例二：

　　Norris先生是七年級的數學老師。他有三個學生在分數換算成百分比上有很大的困擾。他花了超過三個星期的時間，在學生的技能上，並有小小的成功。他選擇兩種方式來教導這項技能。第一種是讓學生記憶由分數變成百分比的轉換表；另一個則是使用記憶策略來教導「分子除以分母，乘上一百倍(Divide Top By Bottom, Multiply Times Hundred)」的過程。他使用藏頭詩「Detroit Tiger Bat Boy Makes The Hit.」作為記憶策略。學生用每個字的第一個字母來幫助記憶正確過程並予以使用。

　　在例一中，我們可以使用替代處理設計。Smith小姐可以在一系列的作業單中收集基準線，然後再隨機分派學生至兩個處理情境中。學生必須能夠區辨這兩種介入，並在反應項目有能力在每時期有不同表現。然而，即使如此，多重處

理干擾的可能性仍顯著。一個介入的效果有可能延續至其他。

在例二中，替代處理設計也許並非是個最好選擇。第一、學生沒有依變項──分數換算成百分比──在他們的項目指令表中。所以行為不像起初最少能一個時期接著一個時期的改變。這需讓學生經由反覆嘗試下，首先學習這技能。第二、記憶策略介入的目標，在於讓學生無論何時都可在需要做分數轉百分比的轉換時，能記住並使用它。所以多重處理干擾的可能性不僅可能，且是可以預料的。

替代處理設計的其他缺點，與它的執行和解釋有關。關於執行，Cooper等人（1987）提出由於這個設計係使用快速替代處理，它屬於有點人為的，而非一般於自然環境中所呈現處理的典型方式。他們也指出（a）在大部分的自然環境中，要達到平衡常是困難的及（b）典型的三個處理最大值是可以評估的。替代處理設計資料的解釋有時會模糊，特別是如果資料路徑重疊的話。問題在於「一個處理要達到多優良，才能假定有顯著的差異?」。誠如我們將在第十三章中所討論的，在單一受試者設計中，有許多方式來決定統計上的顯著性，雖然對大多執行者而言，其問題與實施的顯著性較為相關。Alberto 和 Troutman（1999）指出當解釋從替代處理設計所得的訊息時，為了假定一處理效果會比其他更有效，除了在研究一開始之外，其資料路徑必須是彼此分開的。圖9-4呈現的是模糊和明確的兩種結果。注意在資料位置所呈現的模糊結果，它仍可能決定使用一個介入（不管是B或C）都會比不使用（A）的好。然而，並不能決定B或C何者較優。

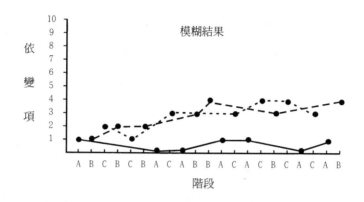

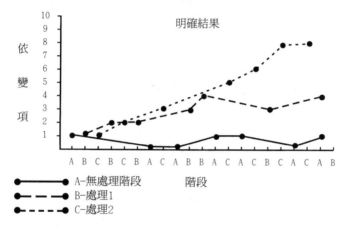

圖9-4 使用替代處理設計模糊及明確結果之範例

總結來說,以下為最不適合使用替代處理設計的例子。

● 當處理可能會相互影響而混淆結果時。
● 當受試者不能區辨處理情境時。
● 當典型處理產生緩慢行為改變時。
● 當處理需要被執行一段時間才會有效時。
● 當研究的各種方面難以達到平衡時。

七、替代處理設計的調整
(Adaptations of the Alternating Treatments Design)

（一）同時處理設計 (Simultaneous Treatment Design)

替代處理設計的主要改編即是**同時處理設計** (simultaneous treatment design)（Kazdin & Hartmann, 1978）又被稱為同時制設計（Hersen & Barlow,1976）。如前所述，這些措辭是誤用來敘述替代處理設計的。事實上，在專業著作中，同時處理設計的用法少見。如其名所暗示的，在這個設計中，處理情境是在同一時間，而非交替呈現的。同時處理設計的確擁有超越其他單一受試者設計的優點（Tawney & Gast,1984）。第一、它最接近自然環境的情境。第二、它比其他設計(包括替代處理設計)花較少的時間來決定處理的有效性，但相對地，這個設計的用法比起其它的設計需要更多的技能、計畫及組織。但需系統化地分析同一時間所呈現的多個介入的效果是一項困難的工作。

以下的例子為說明同時處理的價值及在計畫中所呈現出的挑戰。

Ziegler小姐，是一位普通班的老師，而Massey小姐是一位特殊教育教師，他們兩個共同為九年級融合班的老師。在這個班上有20位學生，其中包括兩個學習障礙、一位行為異常、一位輕度智能障礙及三位正接受說話及語言的服務。Toey是一位行為異常的學生，他經常咒罵老師，並干擾教室活動。Ziegler小姐和Massey小姐邀請了學校心理老師來開會以討論幾種介入計畫。最後

他們同意決定兩個介入程序--口語嚴斥或偶發活動--哪一個對於減少Toey的咒罵行為最為有效。學校心理老師建議兩位老師皆收集基準線資料一個星期,並注意在一天之中直接對各個老師的每個咒罵行為的例子。在第二個星期時,Ziegler小姐採取口語地嚴斥Joey的咒罵行為,包括了大聲並態度惡劣的說「不,Joey不要罵人」。同樣地在第二個星期(同一個時間Ziegler小姐正使用口語嚴斥),Massey小姐則開始偶發活動處理。在這個處理情境期間,每當Joey一咒罵則必須做坐下-站起來共10次,這個程序顯示在咒罵行為中是有效的(Luce, Pelquadri, & Hall, 1980)。第三個星期,當Massey小姐使用口語嚴斥時,Ziegler小姐則使用偶發活動處理。這個過程持續了兩個星期,每位老師都提供了兩個介入的任一個達一星期之久。

在上述的例子中,處理情境是同時間呈現給學生,而不是交替地呈現。換句話說,口語嚴斥和偶發活動皆同時地出現。其目標為隨著時間來決定哪個處理較優,而不管是由哪位老師來執行。

(二) 調整替代處理設計
(Adapted Alternating Treatments Design)

另一個在專業著作中使用的基本替代處理設計稱為**調整替代處理設計** (adapted alternating treatment design) (Sindelar, Rosenberg, & Wilson, 1985)。在這個設計

中，每個介入應用於對相同的反應有困難的行為，但在功能上又彼此獨立的不同行為上。可惜的是，這類設計是既耗時又不確實，雖然對於這設計的使用是很重要的先備條件。Holcombe，Wolery和Gast（1994）指出標準層級或其他基準資料也許可以使用，以利於使依賴行為相等。例如，如果一位學生在評量拼字書寫及數學計算的成就測驗中之標準得分是很相似的，那這兩種行為可訂為調整替代處理設計的目標。如果兩種介入被評估（例如，作業單對閃示卡的使用），則每個行為將在相同的數個時期中，接受各個隨機次序的處理。如果某一處理對兩個行為較有效時，這將提供函數關係的額外證據。

摘要檢核表
(Summary Checklist)

基本目標（Basic goal）--

在同一行為上兩個或以上的處理效果的比較。

無基準線替代處理（Alternating treatments with no baseline）--

受試者在跨不同天、跨一天內不同時間或跨不同時期時，隨機地處理，介入前的基準線資料並不收集。雖然無處理階段（A）可以被替換（例如，BACBABCAC）。

有基準線替代處理（Baseline followed by alternating treatments）—

在處理出現之前，收集基準線資料；提供從處理前到處理階段變化的額外資料。

有基準線替代處理設計及最後處理階段（Baseline followed by alternating treatments and a final treatment phase）--

在研究期間，結束於已決定最有效的最後處理階段。

預測（Prediction）--

在各個情境的每個資料點可當作在同樣情境下未來行為的預測。

驗證（Verification）--

在各個情境下的成功資料可驗證由先前資料點所做的預測。

複製（Replication）--

如果趨向持續進行，則可證明處理的不同效果。

替代處理設計的優點（Advantages of the alternating treatments design）—

適用於在決定兩個或以上的處理何者是有效時，不需要基準線資料的收集，並可避免在其他單一受試者設計中會發生的次序效應。

替代處理設計的缺點（Disadvantages of the alternating treatments design）--

當處理相互影響，多重處理干擾就可能產生，因此混淆了結果。不適於緩慢變化的行為，有時執行上有些困難（例如，使處理達到平衡）。

調整

同時處理設計（Simultaneous treatments design）--

也稱為同時制設計；處理情境在同時而非交替地呈現；在計畫和執行上有點困難。

調整替代處理設計（Adapted alternating treatments design）--

介入適用於本質相似但功能上獨立的多重行為。

 參考文獻（Reference）

Alberto, P., & Troutman, A. (1995). *Applied behavior analysis for teachers (4th ed.) . Columbus, OH: Merrill.*

Alberto, P., & Troutman, A. (1999). *Applied behavior analysis for teachers (5th ed.) . Columbus, OH: Merrill.*

Barlow, D., & Hayes, S. (1979). *Alternating treatment design: One strategy for comparing the effects of two treatments in a single* behavior. *Journal of Applied Behavior Analysis, 12,* 199-210.

Cooper, J., Heron, T., & Heward, W. (1987). *Applied behavior analysis.* Columbus, OH: Merrill.

Hersen, M., & Barlow, D. (1976). *Single case experimental designs: Strategies for studying behavior change.* New York: Pergamon Press.

Holcombe, A., Wolery, M., & Gast, D. (1976). *Comparative single subject research: Description of designs and discussion of problems. Topics in Early Childhood Special Education, 14,* 119-145.

Kazdin, A., & Hartmann, D. (1978). *The simultaneous treatment design. Behavior Therapy, 9,* 912-922.

Luce, C., Delquadri, J., & Hall, R. (1980). *Contingent exercise: A mild but powerful procedure for suppressing inappropriate verbal and aggressive behavior. Journal of Applied Behavior Analysis, 13,* 583-594.

Neuman, S. (1995). *Alternating treatments designs.* In S. Neuman & S. McCormick (Eds.), *Single subject experimental research: Applications for literacy* (pp. 64-83). Newark, DE: International Reading Association.

Sindelar, P., Rosenberg, M., & Wilson, R. (1985). *An adapted alternating treatments design. Education and Treatment of Children, 8,* 67-86.

Tawney, J., & Gast, D. (1984). *Single subject research in special education.* Columbus, OH: Merrill.

Ulman, J., & Sulzer-Azaroff, B. (1975). *Multielement baseline design in educational research.* In E. Ramp & G. Semb (Eds.), *Behavior analysis: Areas of research and application* (pp. 371-391). Englewood Cliffs, NJ: Prentice-Hall.

第十章　替代處理設計之應用

重要觀念

一、無基準線之替代處理

二、有基準線之替代處理設計

三、有基準線之替代處理設計及最後處理階段

王淑仙

在上一章節中我們敘述替代處理設計的不同類型。替代處理設計是一個重要的單一受試者設計，尤其是在決定於同一行為（依變項）上兩個或以上的處理（自變項）的效果上。在本章中我們將對替代處理的三個基本類型提供一些具體例子。

一、無基準線之替代處理
(Alternating Treatments with no Baseline Design)

以下的實例出處為：

Caldwell, M. L., Taylor, R. L., & Bloom, S. R.（1986）。An investigation of the use of high-and low-preference food as a reinforcer for increased activity of individuals with Prader-Willi syndrome. Journal of Mental Deficiency Research, 30, 347-354。

（一）研究問題 (Research Question)

在這個研究中，研究者想要決定使用高偏愛和低偏愛食物對Prader-Willi症(PWS)個體運動增加的有效性。PWS是一種有不同層級的認知缺陷、極度肥胖和有不適宜食物相關行為等特徵的疾病。有一部份矛盾報告是有關PWS個體食物偏好的缺失。

（二）受試者（Subjects）

受試者包括11名PWS的青年人和年輕人（六位男性、五位女性），年齡介於14至32歲。智商範圍從54到83。雖然只有一位受試者需要使用替代處理設計，但使用多位受試者可增加研究的外在效度。

（三）場所（Setting）

受試者參與一個五星期的住宿訓練計畫，該計畫著重在體重管理、合宜的社交及休閒技能的發展。在計畫期間，受試者住在大學宿舍裡，且所有和研究有關的活動皆在大學校園裡進行。

（四）依變項（Dependent Variables）

這項研究係由兩個階段所組成。第一階段，研究者決定如果有的話，受試者的食物偏好是什麼。就像曾提及的，在先前的研究中，這部份產生了不確定的結果。這些研究者發現每個受試者顯示出對於點心類（椒鹽捲餅、糖果、洋芋片）的確切偏好，勝過那些健康食品（紅蘿蔔、柳橙、蘋果）。而這些食物的卡路里是相同的。第二階段，利用替代處理設計以決定食物增強是否可以用來增加受試者的活動量。明確地，依變項為各受試者產生的活動單位數目。一個活動單位定義為做指定的活動（如走路、騎腳踏車、游泳）20分鐘，每天要達到六個活動單位。

（五）自變項 (Independent Variables)

受試者被分派至兩個處理情境及無處理情境中，包括高偏愛食物增強、低偏愛食物增強和無食物增強。

（六）設計 (The Design)

三個處理情境被隨機分派至20個區間（天）。處理情境（A）是高偏愛食物情境，（B）是低偏愛食物情境和（C）無食物情境。其順序為：ABCAABBCCCABACBBACBA。

（七）介入 (The Intervention)

每天受試者都會被告知該處理情境的效果，整天都會有標語當提示物。當天會有數個機會達到六個活動單位，這可兌換當天處理情境效果的增強物。這活動單位係由一個20分鐘經指導的運動計畫所組成。每個運動單位可消耗大約80-150卡路里，而食物增強物只有約30卡路里。每次兌換後，有卡路里的淨消耗。這個研究將延續20天。四個助理員及一位計畫領導員會監督所有的活動。

（八）資料獲得和圖示結果 (Obtaining the Data and Plotting the Results)

資料的收集係由每天獲得的活動單位數目組成。每個受試者的資料繪製成X-Y圖，以決定是否有任何處理情境可以穩定地產生較多活動單位。

(九) 結果 (Results)

　　研究者從11位受試者的資料中發現其群聚成四個型態。有三個受試者在三個處理情境下，只有很少甚至完全沒有效果產生。另一受試者在增加高或低偏愛食物方面的結果並不明顯。雖然低偏愛食物情境高於無處理狀態，而有兩個受試者高偏愛食物情境優於低偏愛食物情境。最後五個受試者高偏愛情境證明是較好的。圖10-1為這五個受試者的資料。

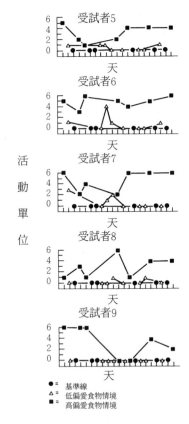

活動單位

● ＝ 基準線
△ ＝ 低偏愛食物情境
■ ＝ 高偏愛食物情境

圖10-1 無基準線之替代處理設計的五個受試者資料

註解：Form "An Investigation of the Use of High- and Low-Preference Food as a Reinforcer for Increased Activity of and S,R,Bloom,1986, *Journal of Mental Deficlency Research*,30,p.351.Copyright 1986 by Blackwell Science.Reprinted with permission."

（十）為什麼要使用無基準線資料處理
(Why Use an Alternating Treatments With no Baseline Design)

　　研究者對於決定（a）PWS個體是否有某種較偏愛的食物；及如果有的話，（b）高偏愛食物是否可增加他的活動量，感到興趣。因為這個計畫的本質，而有天數的限制，去執行這個研究。在增加受試者活動量的臨床重要性是很明顯的。因為在介入前收集基準線資料，並非替代處理設計的先備條件，因此研究者選擇立即開始他們的替代處理。然而，無處理階段仍視為替代處理的一部份，以幫助決定兩個食物增強情境的相對有效性。這是很重要的，因為在這些人口中，有與食物偏愛存在的矛盾報告。

（十一）研究限制（Limitations of the Study）

　　如前所述，有三個受試者並未在三個處理情境下反應。這可能是他們不能在處理情境間做區辨。作者確實指出這三個受試者的智力較低，且提及較低智商者的PWS個體在其他方面也不同於那些較高智商者。在這個研究中，使用多個受試者混淆了所有的結果，因為在跨所有受試者中，並未有一致的型態產生。然而，加強了對於那些有一致性反應的受試者變項函數關係的證明。

（十二）摘要（Summary）

　　有關這個無基準線替代處理設計研究的相關要素摘要表，如表10-1。

特徵	描述
設計的類型	無基準線替代處理。
研究目標	決定使用食物增強物以增強活動水準的有效性。
受試者	11位有Prader-Willi症的青年人和年輕人。
場所	在大學的住宿夏天計畫。
依變項	活動單位20分鐘的運動＝一個活動單位。
自變項	高及低偏愛食物。
結果與成果	高偏愛食物於增進活動量方面，在11名受試者之中，5位是有效的、4名是無效或效果不明確和2位則在高及低偏愛食物情境皆有增加。

表10-1 「利用高及低偏愛食物做增強物以增強Prader-Willi症個體活動量研究」的摘要

二、有基準線之替代處理設計
(Baseline Folowed by Alternating Treatments Design)

以下的實例出處為：

Weismer, S. E, Murray-Branch, J. ,& Miller, J.（1993）Comparison of two methods for promoting productive vocabulary in late talkers. Journal of Speech and hearing Research, 36,1037-1050.

（一）研究問題 (Research Question)

研究者決定兩種促進說話遲緩幼兒有用詞彙方法的有效性。這教導方法為模仿，和模仿加上引發成果。

（二）受試者 (Subjects)

受試者包括兩個男孩和一個女孩，研究開始時的年齡在27-28個月。根據許多測驗得分，判斷每個在有用詞彙的使用上很有限。三個受試者真正的詞彙為51、52、87個字。

（三）場所 (Setting)

研究的真正場所並無描述。受試者同時接受由三位已訓練過的研究生所做的個人及團體訓練。

（四）依變項 (Dependent Variables)

　　研究者發展包括兩個控制單字，及三個標的單字的不同組別個別教學，另對每個受試者的團體教學，則有四個單字。這些物品和動作的單字，係來自早期語言發展目錄。此外，每個處理情境的單字設定皆不相同。所以每個受試者在個別教學時，皆有一組兩個控制單字及兩組三個單字；另有兩組三個單字，作為團體教學。共有三個依變項被用來評估處理計畫的有效性：

1. 每個實驗階段的標的單字使用頻次。
2. 每個實驗階段產生不同單字（詞彙的不同）的次數。
3. 獲得標的單字的次數。這發生在受試者在兩個或以上的實驗階段使用的標的單字。

（五）自變項 (Independent Variables)

　　如前所述，有兩個處理要評估。第一、模仿，發生在研究者說出標的單字但並不需兒童反應。第二、模仿加上引發成果，類似第一階段，研究者先說出標的單字。然而，在這情境下，給予兒童機會重複這個單字，並給予回饋。第三個情境，被稱為接近，也同樣地被使用。這個階段也許可當作無處理階段，使用一組控制單字，但沒有任何的模仿。

（六）設計 (The Design)

　　三個處理情境（模仿、模仿加引發成果及接近）以半隨機次序的呈現，並確定任一類型以不超過三個區間連續發生。受試者處理的起始次序也達到平衡。只在個別教學時，於處理情境介入前，先收集四個區間的基準線資料；但團體教學時，則不收集基準線資料。

（七）介入 (The Intervention)

　　三個已訓練過的研究生指導教學時期。每個受試者各被分配給一位研究生以執行所有的個別教學時期。團體教學則由這3位研究生輪流擔任。在模仿及模仿加引發成果情境中，訓練者帶領一個活動，該標的單字會被提出特定次數。在模仿加引發成果情境中，會給予受試者產生標的單字的機會，並予以回饋。以筆這個字為例，在受試者前呈現一個巫婆的鍋子，並告訴他們巫婆正在一邊加東西，一邊攪拌的製造某種釀造物。最後，一枝筆（標的單字）被放入鍋子，此時，訓練者需說明筆是魔法單字。然後受試者被告知，現在輪到他或她說出這個魔法單字，並將物品放入鍋中。如果受試者說出筆，則訓練者會說「對了，這是筆」，如果受試者沒有反應，則訓練者便會說「這是筆，不是嗎？」

（八）資料獲得和圖示結果

(Obtaining the Data and Plotting the Results)

　　當物品與動作已呈現或證實兩次，在每個區間成果探試都教導後（例如，「這是什麼字？我正在做什麼呢？」），每個標的單字被舉例兩次。同樣的探試也使用於控制單字。個別教學共包括20個區間(再加上四個基準線區間)和24個團體教學區間。每個受試者都可繪出由兩個依變項所產生的兩張圖--在個別教學及團體教學的每個實驗階段標的單字的頻次及詞彙差異。如圖10-2、10-3係呈現受試者3在頻次及詞彙差異的資料。對於第三個依變項標的單字的獲得，作者提供了資料摘要表。

（九）結果 (Results)

　　結果顯示每個受試者對處理的不同反應。受試者1對於模仿較有反應；受試者2則對任一處理都無一致的反應；受試者3對於模仿加引發成果狀態有較多反應。從圖10-2、10-3可證實明受試者3在模仿加引發成果情境較為優越，尤其是在個別教學期間。總體而言，這些結果說明了處理有效性的不確定。然而控制(接近)情境，並無導致顯著獲得，所以對受試者1和3，在無處理情境上使用兩個處理的任一個，其進步是顯著的。

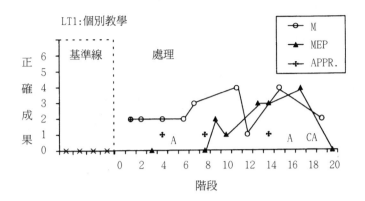

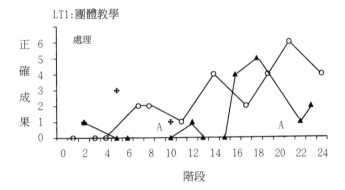

圖10-2 有基準線之替代處理設計中受試者3之頻次資料

註解：Form "Companson of Two Methods for Promoting Productive Vocabulary in Late Talkers." by S.E.Weismer,J.Murray –Branch, and J.Miller,1993,*Joumal of Speech and Hearing Research*,36,p.1046. Copyright 1993 by the American Speech,Language,and Hearing Association.Reprinted with permission.

　　很清楚地，作者的目標在於決定兩個有效增進詞彙的處理情境中，何者最有效。這情境包括促進受試者反應足夠相異於單一模仿情境，允許受試者的區辨。作者並指出，雖然替代處理設計並不需獲得基準線資料，他們在個別區間收集這些資料主要是要「更進一步的證明教學前的兒童對於標的詞彙的缺乏」(p.1040)。但對於為何沒有同時也收集團體區間的基準線資料，並不清楚。依變項的本質--詞彙產生--也排除了如撤回處理的單一受試者設計。這是期望且具教育性地希望受試者學習這些詞彙之後能保留。

（十）研究限制 (Limitation of the Study)

　　研究的結果和先前文獻中的報告並不太一致。作者們預期模仿加引發成果的處理較佳。雖然他們並無特定的建議，但作者們的確對受試者的特徵，如學習型態及個人因素等，提供令人信服的論點，而這些可能對處理的反應有不同的影響。

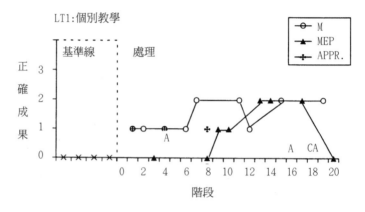

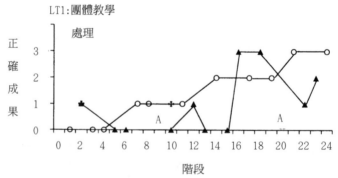

圖10-3 有基準線之替代處理設計中受試者之詞彙差異資料

註解：Form "Companson of Two Methods for Promoting Productive Vocabulary in Late Talkers." by S.E.Weismer,J.Murray –Branch, and J.Miller,1993,*Joumal of Speech and Hearing Research*,36,p.1046. Copyright 1993 by the American Speech,Language,and Hearing Association.Reprinted with permission.

（十一）摘要 (Summary)

表10-2為這個有基準線替代處理設計的相關要素摘要。

標題(特徵)	描述
設計的類型	有基準線替代處理。
研究目標	決定以增進幼兒詞彙的模仿程序之有效性。
受試者	兩位男生及一位女生年齡從27到28個月在表達性詞彙有缺陷者。
場所	未特定。
依變項	(1)標的單字的頻次(2)不同單字產生的次數。(3)標的單字獲得的次數
自變項	模仿及模仿加引發成果[a]。
結果與成果	在每個受試者不同的反應中得到模稜兩可的結果。

表10-2 為促進說話遲緩者有用詞彙的方法比較之摘要。

a：無處理狀態被使用

三、有基準線之替代處理設計及最後處理階段
(Baseline Followed by Alternating Treatments and a Final Treatment Phase Design)

以下的實例出處為：

Singh, N. & Winton, A.（*1995*）*Controlling pica by components of an overcorrection procedure. merican Journal of Mental Deficiency*，*90*，*40-45*。

（一）研究問題 (Research Question)

多元要素的過度矯正程序可有效地控制智能障礙者的異食症或不可食用物品的吞嚥。研究者有興趣於評估利用過度矯正程序的單獨要素在控制異食症上的效果。他們提出如果簡單且單一要素的介入是有效的，那它將會比多元要素程序更有效且確實地執行。

（二）受試者 (Subjects)

受試者為兩個住在機構之極重度智能障礙女生。每個都有長久的異食症病史，表現出有高程度的不良適應行為。過去曾使用過許多方式來控制他們的異食，但卻沒有成功。

(三) 場所 (Setting)

每個都在機構中接受三種安置的處理區間————間大且布置過的休閒室、一間較小的曝日室及飯廳。

(四) 依變項 (Dependent Variable)

在這個研究中，異食被定義為「將不可食用或不營養的物品接觸受試者的嘴唇或放進嘴邊」（Singh & Winton, 1985; p42）。研究者做過每種嘗試以確定受試者沒有吞進任何物品。每個受試者異食的比率（每15分鐘區間異食反應的總數）都會被記錄。

(五) 自變項 (Independent Variables)

自變項為多元要素的過度矯正程序的三個單獨要素。對於三個處理，第一步驟為從受試者的嘴巴移走東西。在第一要素中，為求整潔，受試者必須將東西丟到垃圾桶中，並清空垃圾桶。第二個要素則是口腔衛生，即受試者需使用浸泡在Listerine消毒液五分鐘的軟牙刷來刷牙齒及牙齦。第三個要素包含個人衛生。在移除嘴巴的東西後，受試者需洗手及指甲五分鐘。

（六）設計 (The Design)

在三個場所中各自收集連續五天的15分鐘基準線資料。在替代處理設計階段中，三個處理在每天開始時，皆隨機分派至每個場所中。接下來的階段，在三個場所中，只使用最有效的處理。最後階段，只使用最有效的處理，但由不同的治療者實施。

（七）介入 (The Intervention)

在基準線之後，每個受試者每天都被分派至每個場所去接受指派的處理。這些處理皆由同一治療者實施。觀察者在每15分鐘區間記錄異食事件的頻次。每個處理本身所花的時間（約五分鐘）並不包括在15分鐘的觀察期。10天後，只有最有效的處理（口腔衛生）會被持續。這會發生在三個場所中，並由同一治療者再開始。為了測試效果的複製，口腔衛生處理將由三個新的治療者在預先決定的次序持續實施。這個研究要在受試者於連續五天的任一區間中皆無異食事件後才會結束。

（八）資料獲得和圖示結果
(Obtaining the Data and Plotting the Results)

將每個受試者在三個場所中每分鐘異食反應的次數繪成圖。這個頻次係基於15分鐘的觀察期，而不計算受試者參與處理本身所花的時間。圖10-4為這個研究的圖示資料。

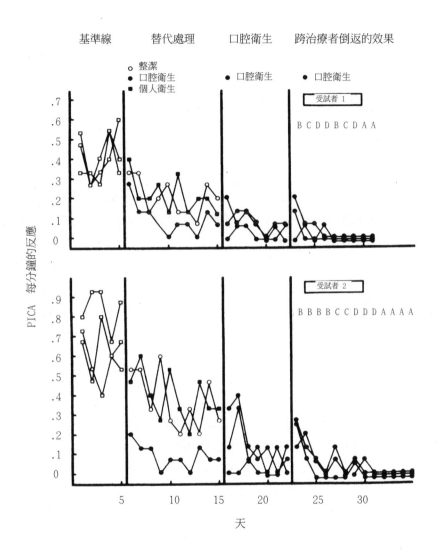

圖10-4 有基準線替代處理設計及最後處理階段受試者的資料

註解：Form "Controlling Pica by Components of the Overcorrection Procedure." by N.Singn and A.Winton,1985, *American Joumal of Mernal Deficiency,90*,p.41.Copyright 1985 by the American Association on Menial Retardation.Reprinted with permission.

（九）結果 (Results)

研究者發現口腔衛生處理對每個受試者在減少異食方面是最有效的。受試者1在基準線階段每分鐘的平均異食事件為 .40，在替代處理階段期間減至平均 .17（而在口腔衛生期間為 .09）。受試者2在基準線階段每分鐘平均的異食事件為 .70，在替代處理階段期間減至平均 .28（而在口腔衛生期間為 .09）。受試者1和2在口腔衛生最後處理階段的平均數分別為 .06和 .10。最後，當使用多位治療者階段時，異食比率減至平均數 .02和 .04。

（十）為何使用有基準線替代處理及最後處理階段設計？(Why Use a Baseline Followed by Alternating Treatments and a Final Treatment Phase Design？)

雖然研究指出多元要素的過度矯正程序在減少異食症是有效的，但研究者對於決定單獨個別要素是否能有較有力的抑制效果感到興趣。如果這樣的話，處理就較容易執行。收集基準線資料，並藉由顯示處理區間開始前的比率以強化研究。替代處理的使用，特別是跨三個情境，允許每個要素在最小的次序效應內被評估。最後兩階段包括測試保留與類化及留下異食比率降低的受試者。如第九章所提，單一要素/最有效處理階段也可幫助證明結果，而不受多重處理干擾的影響。

(十一) 研究限制 (Limitations of the Study)

作者們承認該研究限制為,他們的設計並不允許證明處理撤回時,受試者會回到基準線水準。他們建議在替代處理階段中的無處理情境將可提出這關係。然而受試者長時期的異食可能指出為著重在實際的處理情境是較臨床適用的。

(十二) 摘要 (Summary)

證實附加的最後處理階段的研究顯著要素於表10-3中呈現。

標題(特徵)	描述
設計的類型	有基準線替代處理設計及最後處理階段。
研究目標	決定多元要素介入程序的個別要素是否能減少異食的頻次。
受試者	兩個有異食病史的極重度智能障礙成人。
場所	在機構中三個分開的房間。
依變項	異食的頻次(每分鐘的事件數)。
自變項	三個過度矯正程序的要素—清潔、口腔衛生、個人衛生。
結果與成果	口腔衛生是最有效的,它的使用在跨情境及跨治療者皆是有效的。

表10-3 「藉由過度矯正程序的要素來控制異食症」的摘要表

　　替代處理設計有時確實是較複雜且較困難去管理與執行。此外，研究者有時會有想在較有系統且以逐步的方式來改變行為的情況。當這是一個個案時，也許可以選擇在下一章討論的變更標準設計。

第十一章 變更標準設計之概論

重要概念

一、基本變更標準設計

二、變更標準設計之相關議題

    （一）每一個階段的長度
    （二）標準變更的大小
    （三）標準變更的數目

三、預測、驗證和複製

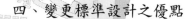

四、變更標準設計之優點

五、變更標準設計之缺點

六、變更標準設計之調整

    （一）倒返到先前標準程度
    （二）回復基準線條件

莊育芬

一、基本變更標準設計

(The Basic Changing Criterion Design)

　　Hall(1971) 是第一個命名變更標準設計的人，後來的 Hartmann 和Hall (1976)做了更詳細的描述。比上述早十年的Sidman (1960)，亦敘述了一個類似的、但是未命名的設計。變更標準設計是處理一個漸進的、系統性的增加或減少單一標的行為的效果評鑑。以小心地、逐步地改變，來完成、符合增加行為〈例如：正或負增強〉或減少行為〈區別增強步驟或懲罰〉偶發事件之必要標準。換言之，當標的行為符合實驗者預先特別訂定的標準，則呈現出此介入的效果。

　　Hartmann和Hall最先提出變更標準設計是多重基準線設計的一種獨特類型。亦可被認為是第5章所討論的A-B設計的一種變化。在變更標準設計中，收集基準線資料（A）後，將處理期（B）分成次階段，每一個次階段在標的行為上所需要的改變，愈來愈接近最終行為或目標（Poling, Methot, & LeSage, 1995）。以下略述使用變更標準設計時所採用的步驟。

第一步—小心地定義標的行為。此行為必須是可以逐漸地、
　　　　逐步地被改變。
第二步—收集基準線資料。蒐集資料直到已呈穩定或無生產
　　　　性時，就可停止 (Hartmann & Hall, 1976)。
第三步—決定所需要的表現程度〈標準程度〉，呈現符合增
　　　　強或懲罰之報應關係。

1. 決定最終行爲或目標。例如，一個老師可能想要增加一個學生的打字速率至一分鐘50字，或減少任意地講話行爲至零。
2. 決定第一個次階段的標準程度。Alberto 和 Troutman (1999)的建議如下：

a. 將標準程度設定在基準線穩定部分的平均數，特別是在若反應的最初速率是低的。例如，若在基準線期間，標的行爲發生在2, 0, 4, 0, 4, 2和2次，則平均爲2。因此，2可被當作最初的標準程度。Alberto和Troutman亦建議在此情況下，每一個次階段的標準程度將會增加2。

b. 將基準線資料平均值的50%後，再加上平均值。在上述例子中，最初的標準程度可爲3（2的50% = 1；1 + 2 = 3）。

c. 選擇最高或最低的資料點〈依據其目標〉，當作標準程度來使用。這個對於社交行爲特別有用。

d. 使用專業的判斷。例如，若基準線速率是零，將會沒有客觀的資料可用作爲指引。在此情況下，實驗者根據受試者的有效資料，必須做出最好的預估。

3. 建立後來的次階段標準程度。朝著目標的方向，逐漸地增加或減少標準程度。至少需要兩個次階段，雖然通常是使用三個或以上。使用次階段的數目和標準變更的大小等議題，會在本章後面討論。

第四步—開始介入。以獲得處理所需要的標準〈例如，增加或減少行爲的報應關係〉。

第五步一在達到最初的標準程度之後，開始進入下一個次階
　　　　段。一個重點是關於每一個次階段的長度。換言
　　　　之，在移到下一個次階段之前，受試者在標準程度
　　　　下，必須反應多久？Alberto 和Troutman建議，最
　　　　少，行為必須發生在兩個連續的期間，或在三個連
　　　　續期間中的兩個。然而，能持續直到建立一個穩定
　　　　的速率是很重要的。因為每一個次階段能作為其後
　　　　次階段的基準線（Hartmann & Hall, 1976）。這可
　　　　加強依變項和自變項之間的函數關係。同樣地，次
　　　　階段長度的爭論，將在後面做更深度的討論。

第六步一逐步地持續進行著每一個次階段，直到達成最後目
　　　　標。

　　　　以下是使用變更標準設計的例子。

　　　　Barkley 先生擔心他的一個三年級有學習障礙的學
生Danny，上課時間內未完成數學作業。一般而言，學生
在數學課的最後，有15分鐘可完成一個混合性的複習作
業。Danny能正確地答對問題，但是他對於這個作業，並
沒有特別感到興趣。他很少完成作業，也常缺乏興趣與
注意力，到後來他必須將這個作業帶回家，當作家庭功
課。Barkley先生先設計多種類似課堂所使用的作業，包
括20題加法、減法、乘法和除法〈每一項5題，隨意排
列〉。他每天給Danny一張作業，並允許他15分鐘內完
成，與之前的規定相同。換言之，如果他沒有辦法完
成，他必須帶回家做完。第一週，他共完成6, 7, 5, 8,
6個問題。根據這些基準線資料，在每15分鐘內，他平均
可做超過6個問題，Barkley先生建立一個答對8題的最初

標準程度。並告訴Danny若他能答對8題，他在那天快結束時，有10分鐘的自由時間，可玩電動玩具。這個事件立即有了效果。在記錄到穩定的反應之後，下一個次階段，則要求完成11個問題。持續著這些標準程度設定步驟，至完成14和17個問題。最後一個次階段則看到其效果〈標的目標是完成全部的20題〉。圖11-1呈現這個例子的資料。

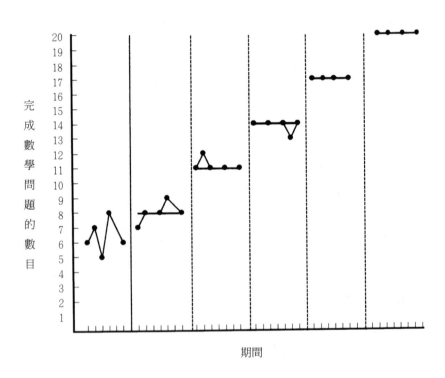

圖11-1 基本變更標準設計資料的例子

二、變更標準設計之相關議題
(Issues Related to Changing Criterion Designs)

　　Hartmann 和 Hall (1976) 提出在使用變更標準設計時，必須考慮的三個非常重要的議題：每一個階段的長度、標準變更的大小和階段或標準變更的數目。他們指出這三個議題有高度的相互依賴。

(一) 每一個階段的長度 (Length of Each Phase)

　　如前所述，在變更標準設計中，每一階段〈次階段〉的反應程度，確實可當成下一個次階段的基準線。重要的是，每一個次階段需持續直到呈現穩定的反應。然而，這個設計的本質，必須讓這個現象快速地發生。換言之，一個新的標準程度呈現，必須導致標的行為立即變更至新的程度。這對能快速改變的行為，特別實際。在圖11-1呈現的第一個例子中，Danny在他的表現上，已經有了標的行為。主要議題是在他做數學的順從而非他的能力。因此，當設定好新的標準程度之後，行為能快速地改變。大體而言，行為若能快速地改變，這個階段會比行為慢速地改變的階段來的短。在這種情況中，可能需要較長的階段來呈現實驗控制 (Cooper, Heron, & Heward, 1987)。

　　當行為改變確實符合標準程度，並且保持速率至下一個次階段的變更標準程度，可以加強自變項和依變相之間的函數關係。因為這樣，階段的實際長度會因呈現那個控制，而

有變動。在前面的例子中，藉著每一階段完成數學問題的不同題數，可以看到以電動玩具為增強物的效果。圖11-2呈現在每一階段中，反應程度改變到標準程度，並且在每一個階段中，依然保持相當地穩定就可以忽視階段的長度。這個穩定度證明較大的內在信度。為了排除對內在效度的威脅，如成熟和練習的影響之另外一個方法是可以倒返一個或更多階段標準程度的方向。圖11-1和11-2的標準程度為8，11，14，17，20。然而，假設標準程度為8，11，14，17，14，17，20。藉著顯示行為程度改變只有到達特定的程度（如：在階段4增加到17，然後在階段5減少，回復到14），而能證明比實施線性趨勢時，更加強烈的關係（見圖11-3）。

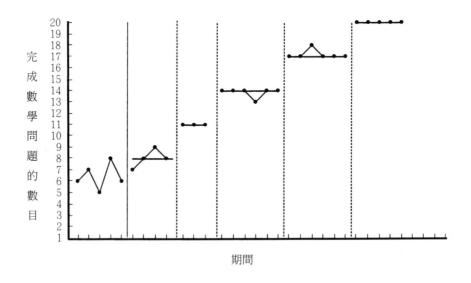

圖11-2 不同階段長度變更標準設計資料的例子

Single Subject Research

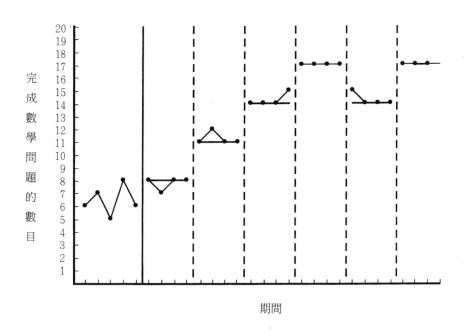

圖11-3 倒返到先前標準程度變更標準設計資料的例子

（二）標準變更的大小 (Magnitude of Criterion Changes)

這個議題著重於〝受試者接受處理之前，在標的行為上所需要的改變有多少？〞這是一個非常重要的問題－若所需要的改變是小的，受試者可能進步，但是它將會很難決定改變是否不是因為其他因素如成熟或練習的影響而來。然而，若所需要的改變太大，至少會有兩個問題。第一，因為標的目標在較少的階段中將會達到，階段將會不足以呈現在研究中實驗的控制。第二，所需要的激烈改變可能牴觸好的實務

教學(Cooper et al., 1987)。在我們的例子中，若標準程度為10、15和20（且改變行為至那些程度），這效果看起來令人印象深刻，因為這行為改變是如此地引人注目。然而，只有三個階段行為被控制，與研究的效度相互妥協。決定標準變更的一個邏輯方法是使用基準線資料當作是一個指標。一般而言，在較穩定的行為上必須使用較小的標準變更，然而需要較大的變更，以呈現對容易變動行為的控制 (Hartmann & Hall, 1976)。

(三) 標準變更的數目 (Number of Criterion Changes)

標準變更的數目是指在研究中必須包括的階段(次階段)數目。會因階段的長度和標準變更的大小而定。這證明了 Hartmann 和Hall (1976)所指出的這些議題之相互關係。例如，若研究有可用的時間限制（如，學年中只剩下一個月），則每一個階段愈長，階段的數目將會愈少。同樣地，如前面所討論的，標準變更大小愈多，在達到標的目標之前的階段數目愈少。一般而言，若要達到一個新標準之標的行為變更次數愈多，需呈現更多的控制。研究者必須注意人為的底限和上限，因此，Cooper 等人（1987）敘述這個重要性。

這個例子的一個明顯錯誤可能是當增強標準是五題時，只給學生五題的數學問題。雖然學生可完成少於五題的問題，超過標準的可能性會被排除，可能導致一個看起來印象深刻的圖表，但是由於差勁的實驗步驟對結果會有不正確地影響。

三、預測、驗證和複製
(Prediction, verification, and Replication)

　　雖然在基本變更標準設計中，容易提出預測和複製，而呈現驗證卻有幾分的困難（Cooper et al.,1987）。一般而言，當在每個階段中達到穩定的反應時，可定出未來行為的預測程度。當定出先前討論增加內在效度的二個建議之任何一個時，驗證是可能的。藉著改變階段的長度，可定出處理效果的驗證。同樣地，更令人信服的是，當標準程度的方向被倒返和行為回到先前設定好的標準程度時，可證明驗證。每次當行為基於預定標準程度、以預定的方向改變時，複製便會發生。

四、變更標準設計之優點
(Advantages of the Changing Criterion Design)

　　在適當地使用下，變更標準設計能成為單一受試研究者的一個有效工具。當以逐步的方式增加或減少標的行為時，它特別有幫助。這個行為必須已經在受試者的表現上，並且可使用很多的記錄程序測量出來，包括頻次、正確、持續時間或延宕。Hartmann 和Hall（1976)提出理想地適合變更標準設計的行為例子。包括增加寫作或閱讀速率、改善同儕關係、減少抽菸、吃過量和順從行為的延宕。對特定的設計增加或減少行為報應關係的計畫效果時，變更標準設計亦是有

幫助的。使用這個設計的一個爭論是塑造程序效果的評鑑。有人推薦爲了這個目的而使用（例如：Alberto & Troutman, 1999; Hartmann & Hall, 1976），但是有些人質疑（例如：Cooper et al., 1987）。反對使用的爭論，與塑造程序的性質有關，即藉著增強朝向行爲的連續近似值，發展出不是在受試者表現中的一個新行爲。換言之，在每一個階段需要行爲的各種形式，代替相同行爲的各種程度。

值得注意的兩個其他優點。第一，當設定的最後目標花了相當長的時間達成時，使用此設計是有幫助的（Alberto & Troutman, 1999）。因此，逐漸朝向目標的動作，導致教育上或臨床上令人滿意的結果，同時也呈現實驗的控制。第二個相關的優點是不需爲顯示與標的行爲所需要的函數關係，而撤回處理。事實上，在基準線之後，處理條件能保持有效，如此一來，受試者能時常地朝向目標移動。唯一的例外是出現在若研究者想要在研究中證明較大的內在效度和倒返標準變更的方向。

適合使用變更標準設計的例子如下：

* 當標的行爲能以逐步的方式逐漸地改變；
* 當行爲已經在受試者的表現中，並且需要被增加或減少；
* 當需要評鑑事件報應關係的增強或處罰程序的效果時；
* 當處理撤回是不適當的；

五、變更標準設計之缺點
(Disadvatags of the Changing Criterion Design)

變更標準設計相同的特點對於有些行為和處理特別有用，同樣地，對於其他行為和處理的使用也受到限制。例如，除非能以逐漸的、逐步的方式改變行為，不然它是不適當的。同樣地，如前面的註解，許多研究者爭論標的行為必須已經在受試者的表現中。換言之，目標必須是增加或減少行為，而非發展新行為(Cooper et al., 1987)。

一個相關的缺點是為了證明最大的實驗控制，只有達到特定的標準程度時，必須改變行為。然而，這可能不是教育上或臨床上經常想要的。若能較快地達到最後目標，則為了研究目的，而"阻止"受試者是適當的嗎？最後的缺點與變更標準設計的計畫和施行有關。如同已經討論的，更多的想法應該用於決定階段的數目與長度和標準變更的大小。例如，設定的標準變更太高，受試者可能受到不利的影響，因為很少或完全不適用於這個報應關係。相反地，若設定的程度太低，受試者最佳的反應可能變慢。同樣地，當階段是短的和相似的長度，可能會存有一個問題。這可能導致一個線性趨勢，亦能解釋為受到如成熟或練習影響的這些因素。

在下列的情況下，使用變更標準設計是不適當的：

* 當不能以逐漸地、逐步的方式，改變標的行為；
* 當標的行為不在受試者的表現中；
* 當評鑑不同於報應關係表現的處理時；
* 當不能給予時間和努力，以決定設計的重要參數時（階段的數目和長度、標準變更的大小）。

六、變更標準設計之調整
(Adaptations of the Changing Criterion Design)

變更標準設計的調整，主要含有 (a)一個或多個階段的增加，可倒返到先前標準程度 (b)回到基準線。使用這兩個調整，證明自變項對於依變項有較大的實驗控制。同樣地，先前討論的階段數目和長度等等之爭論，能導致當基本變更標準設計被視覺地畫成圖表時，會看起來相當地不同。

(一) 倒返到先前標準程度
(Reversal to a Previous Criterion Level)

如所註解的，變更標準設計的優勢之一是它的能力顯示在標的行為之改變，相當於在特定的標準程度之改變。然而，若標準變更方向總是以相同的方向，呈現〝因為任何一個歷史的、成熟的或測量因素而不是自然地發生〞之改變，會更加地困難 (Hartmann & Hall, 1976; p.530)。因此，雖然並非基本設計所要求，但有時使用倒返到先前標準程度，可幫助呈現處理對於行為之改變，是有責任的。圖11-3包括了一個倒返階段的例證。以下是另外一個例子，這一次顯示多於一個倒返階段。

Harris先生在中學班級的英文課中，對一位有注意力缺損(Attention Deficit Disorder) 的中學生之寫作流暢性，感到興趣。當給予這位學生，Sam，一份寫作的家庭作業，他能寫一些句子，但是很少多於二或三句。

Harris先生給Sam10分鐘，要他寫出至少80字。寫出來的主題希望能與莎士比亞(Shakespeare)內的一個單元有關。在基準線條件中，Sam的寫作成果是浪有限而且在退步 (20, 10, 7, 7, 7, 5)。Harris先生設定最初的標準程度為35字，他可得到的自由時間，其選擇15分鐘打籃球之增强物。他設定隨後的標準程度為40和50。雖然Sam持續地達到這些程度，Harris先生不確信打籃球之增强物，對於增加的寫作成果，是有責任的。他覺得若這個能夠建立這種報應關係的話，就可使用打籃球於Sam的其他一些需要變更的行為上。他後來指定剩餘的標準程度為40, 60, 50, 65和80。可由圖11-4看到這個研究的資料。

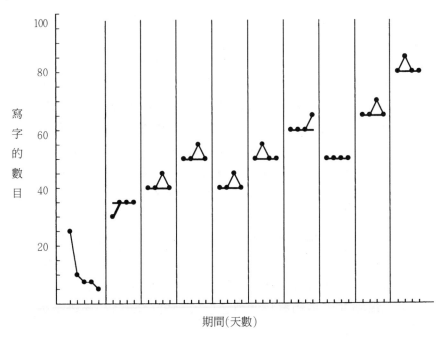

圖11-4 多重倒返到先前標準程度之變更標準設計資料的例子

（二）回復基準線條件

(Reinstate Baseline Conditions)

雖然很少使用，但一個回復基準線條件的變更標準設計是可能的。這是比只有回到先前標準程度，更基本的條件倒返。在某種意義上，它與第5章討論的A-B-A或A-B-A-B設計類似。在這個設計中，B階段爲呈現報應關係所需要的逐步標準變更。這個設計確實顯示出介於自變項和依變項間有力的函數關係，類似撤回設計。然而，他亦有撤回設計的倫理責任，因爲受試者是在沒有處理的階段中。若研究是以基準線條件爲終止，這個現象是特別地眞實。

以下爲一個回到基準線變更標準設計的例子。

Barbi，是四年級的唐氏症（Down syndrome）學生，經常在教學時間內，使用不適當的口語。包括大聲叫著與所呈現訊息無關之短片語。即使是當她的口語爲適當的，亦會暫時中斷班級。Barbi有很多溝通的問題，所以語言和病理的臨床專家和她非常熟悉。專家建議發展一個計畫，能忽略Barbi的不適當口語，和若她減少不適當的口語至特定的程度，能提供她即時的增強。Barbi喜愛迪士尼（Disney）人物，所以所選擇的增強爲三張迪士尼（Disney）貼紙，她可以放在她的貼紙薄內。老師在每天一開始，當做好宣佈和計畫好當天事件後的20分鐘期間內，收集基準線資料。基準線資料是相當地一致；每20分鐘期間她平均有15個口語（17，13，15，14）。老師告知Barbi她必須先減少她的口語至12個，她才可以在20分

鐘期間的最後，得到三張貼紙。若她發出另外的口語和她將失去增強物時，老師亦給她以下的口語提詞，"Barbi，未輪到你時，若你再一次地大聲說，你今天將不會得到你的貼紙。" 在第二天之後，她達到了標準程度。接下來的特定程度為8，4和0。圖11-5顯示的資料為Barbi能成功地減少她不適當的口語。為了更進一步決定增強的效果，後來告知Barbi，沒有可用的貼紙了。這回到基準線條件，導致她的口語急劇地增加，雖然還未達到基準線程度。為了明顯的理由，然後回復到最終目標和條件。這幾乎立即地減少她的口語。

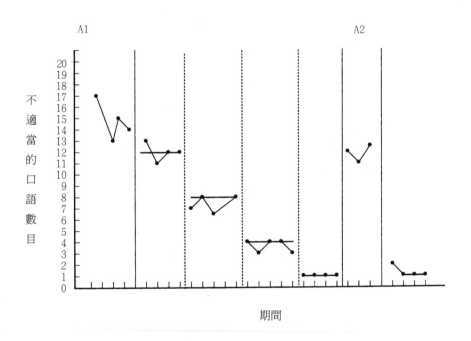

圖11-5 回到基準線階段變更標準設計資料的例子

摘要檢核表 (Summary Checklist)

基本目標 (Basic goal) ——

　　評鑑在一個單一標的行為之逐漸增加或減少的處理效果；經常使用於實施增強或處罰的報應關係時。

基本變更標準設計 (Basic changing criterion design) ——

　　在收集基準線資料之後，以逐步的方式，改變需要達到實際報應關係之標準程度時，導入階段。當標的行為改變達到每一個新的標準程度，可證明實驗的控制。

議題 (Issues)

每一個階段的長度 (Length of each phase) ——
　　階段必須夠長，以允許穩定的反應；若可能的話，必須改變階段的長度。

標準變更的大小 (Magnitude of the criterion changes) ——

　　不需太大或太小；使用基準線資料，協助做決定。

標準變更的數目 (Number of criterion changes) ——
　　與階段的長度和標準變更的大小有關（如，標準變更的

大小愈多，達到標的目標的階段數目愈少)。

預測 (Prediction) ──

發生在當每一個階段中的穩定反應，預測後來階段的行
為程度。

驗證 (Verification) ──

藉著改變階段的長度和/或變更標準程度的方向和顯示
標的行為方向的改變來實現。

複製 (Replication) ──

發生在當行為改變至預先決定的標準程度。

變更標準設計之優點 (Advantages of the changing
criterion design) ──

不需要撤回處理；好的設計可評鑑增加或減少行為的報
應關係計畫；標的行為的逐漸改變導致教育的或臨床的
適當結果。

變更標準設計之缺點 (Disadvantages of the
changing criterion design) ──

標的行為必須能以逐漸的、逐步的方式改變；需要時間
和努力決定重要的設計參數 (如，階段的數目和長
度)；不適合於沒有使用增加或減少行為的報應關係程
序之處理方法。

調整 (Adaptations)

倒返到先前變更標準設計（Reversal to a previous
criterion level）－－

代替在標準程度中的一個穩定的、逐步的增加或減少，
倒返方向一次或多次；在處理和標的行為之間，提供函
數關係的額外證據。

回復到基準線條件（Reinstate baseline
conditions）－－

更多基本的倒返，藉著回復到基準線條件，中斷逐步的
進行；證明實驗控制的一個更有力的方法。

 參考文獻（Reference）

Alberto, P. & Troutman, A. (1999). *Applied behavior analysis for
teachers (5th ed.). Columbus, OH: Merrill.*

Cooper, J., Heron, T., & Heward, T. (1987). *Applied behavior
analysis. Columbus, OH: Merrill.*

Hall, R. V. (1971). *Managing behavior: Behavior modification and
the measurement of behavior. Lawrence, KS: H & H Enterprises.*

Hartmann, D., & Hall, R. V. (1976). *The changing criterion
design. Journal of Applied Behavior Analysis, 9, 527-532.*

Poling, A., Methot, L., & LeSage, M. (1995). *Fundamentals of
behavior analytic research. New York: Plenum Press.*

Sidman, M. (1960). *Tactics of scientific research. New York: Basic
Books.*

第十二章　變更標準設計之應用

重要觀念

一、基本變更標準設計：增加行為

二、基本變更標準設計：減少行為

三、不同長度處理階段之變更標準設計

四、回到基準線階段之變更標準設計

莊育芬

在前一章中，我們敘述了基本變更標準設計和它的數種調整。變更標準設計可用來評鑑對逐漸地、系統性地增加或減少一個標的行為之介入效果。在本章，我們提供基本變更標準設計的例子、混合不同階段長度的變更標準設計和回到基準線階段的變更標準設計。

一、基本變更標準設計：增加行為
(Basic Changing Criterion Design：Increasing Behavior)

以下實例出處為：

Davis, P., Bates, P., & Cuvo, A. J. (1983). Training a mentally retarded woman to work competitively: Effect of graphic feedback and a changing criterion design. Education and Training of the Mentally Retarded, 18, 158-163

(一) 研究問題 (Research Question)

在此研究中，作者證明對一位有中度智能障礙年輕女性，一個圖表回饋步驟對增加清除早餐盤子〈例如：清理〉速率的有效性。

(二) 受試者 (Subjects)

受試者是一位20歲中度智障的女性〈在Wechsler

Intelligence Scale for Children中，IQ為42〉，她一直住
在家中。

（三）場所 (Setting)

　　這個研究是在醫院的廚房中進行，那裡盤子的清洗是以
生產線的方式。

（四）依變項 (Dependent Variable)

　　依變項為清除盤子的速率〈每分鐘的速率〉。清除盤子
包括收拾殘屑、堆積盤子和浸泡銀器。此外，使用一個推論
相依的測定工具〈問卷〉，來決定受試者的同事對於此介入
效果的認知為何。由廚房的監督者和同事來填寫，問卷包括
八個關於本研究的目標、步驟和結果的問題。

（五）自變項 (Independent Variables)

　　自變項是關於最先三個介入次階段工作速率的圖表回
饋。在第四個次階段中，對於潑出水的口頭回饋加入到圖表
回饋中。在第五個和最後的次階段中，只有提供圖表回饋。
此外，使用一個變更標準。

(六) 設計 (The Design)

　　為了產生標的行為，使用一個逐步增加的變更標準設計，評量受試者清除盤子的速率。當符合標準，至少連續3天，可一次例外，則可變更在介入階段中的標準。若受試者的表現仍在增加時，則不會變更標準，直到表現穩定或有明顯的減少時，才會變更標準。

(七) 介入 (The Intervention)

　　受試者的主要工作是早餐的清理。每一個訓練期間為需要清理130到150個盤子的時間。根據16次基準線的觀察和競爭速率，來看受試者的速率，可決定不同次階段的標準。根據基準線的表現，設定最初的標準。訓練者記錄清除一個規則性盤子的時間，決定為每分鐘2.38個盤子的速率，相當於一個競爭的工作速率。因此，從第三個次階段到研究的最後，每分鐘2.4個盤子為她的標準。使用圖表回饋〈與變更標準一起〉當作自變項。直到第四個次階段，考量她工作的品質和數量，加入口頭回饋，當作一個提醒物。最後一個次階段只包括圖表回饋和標準。在結束研究的最後一個月內，所有的同事都完成了問卷。

(八) 資料獲得和圖示結果
(Obtaining the Data and Plotting the Results)

　　每天記錄清除盤子的速率。測量受試者清除10個連續

的、隨意選取盤子的時間長度，計算出平均速率。每分鐘清除盤子的平均數目，是將10除以清除盤子的所有分鐘來決定。觀察者間信度平均值為 .999，並沒有低於 .997的測量。

（九）結果 (Results)

圖12-1描述出這個結果。這個圖包括許多階段變更線，目的是為了指出增強的標準變更時段。在第一階段〈基準線〉所有的基準線觀察期內，受試者平均每分鐘清除1.33個盤子。在第一個介入階段，當實施清除盤子標準1〈每分鐘1.8個盤子〉和圖表回饋，她的生產速率增加至每分鐘平均1.9個盤子。在標準2，受試者清除盤子表現為每分鐘2.05個盤子。在標準3，受試者清除盤子的速率增加，但是她的同事不能接受她的工作品質。結果，標準3多延長了9天，並且提供受試者有關她的工作品質和數量的口頭回饋。這個圖表包括了在這個介入中加入口頭回饋的時機。遵從著這個回饋，她的工作品質有了改善，並且獲得了同事們的贊同。後來，口頭回饋從介入中抽離。在這個研究的最後一個階段，為了清除盤子的速度，而提供了圖表回饋和變更標準，增加了受試者的速度，到達了競爭速率的97%。從這個計畫最初至最後，這個受試者清除盤子的速率增加，顯示出超過基準線，每天省了44到51分鐘。問卷的結果指出大部分的同事相信這個介入是可接受的，並且對受試者改善的表現，是可以信賴的。

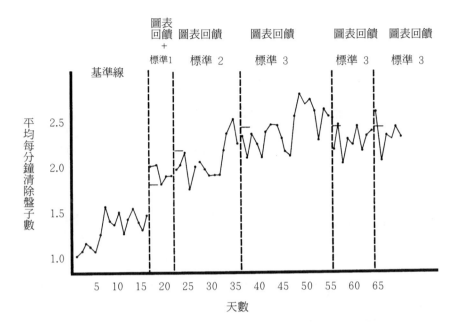

圖12-1 使用增加行為的變更標準設計研究的受試者資料

註解：Form〝Trainiog a Mentally Retarded Woman to Work Competitively：
Effect of Graphic Feedback and a Changing Criterion Design,〞by
P.Davis,P.bates,and A.J Cuvo 1983,Education and Training of the
Mentally Retarded,18,p.161.Copyright 1983 by the Council for Exceptional
Children.Reprinted with permission.〞

（十）爲何使用變更標準設計？(Why Use a Changing Criterion Design?)

　　變更標準設計是非常適當的，因爲它可使訓練者逐漸地
變更標準，並說明清除盤子的增加，是因爲這個變更標準設
計和給予受試者回饋。

（十一）研究的限制 (Limitations of the Study)

在本研究中有兩個限制。第一，當受試者的表現到達可接受的程度時，結束了這個訓練計畫，但是訓練者仍然存在。為了確認受試者能夠維持競爭的工作速率，訓練者應該逐漸地減少他或她的存在和回饋，讓受試者能在自然的環境中執行工作。第二，訓練者沒有讓受試者清除午餐和晚餐的盤子，使她的技巧能夠類化。

（十二）摘要 (Summary)

表12-1 說明了這個變更標準研究相關重點的摘要。

特徵	敘述
設計的類型	基本變更標準設計。
研究目標	決定圖表回饋步驟對於一個年輕女性增加清除早餐盤子速度的效果。
受試者	有中度智能障礙的20歲女性。
安置	醫院廚房。
依變項	清除盤子的速度。
自變項	圖表回饋步驟和變更標準。
結果	圖表回饋步驟和變更標準增加受試者清除盤子的速率。

表12-1 〝訓練一個智能障礙女性能夠有競爭力地工作：圖表回饋和變更標準設計的效果〞之摘要。

二、基本變更標準設計：減少行為
(Basic Changing Criterion Design：Decreasing Behavior)

以下實例出處為：

Foxx, R. M., & Rubinoff, A. (1979). Behavioral treatment of caffeinism: Reducing excessive coffee drinking. Journal of Applied Behavior Analysis, 12, 335-344.

(一) 研究問題 (Research Question)

在這個研究中，研究者對於減少咖啡因攝取的行為處理計畫效果感到興趣。這個處理計畫是以已經成功地減少抽煙的例子作範本。

(二) 受試者 (Subjects)

三位成人受試者自願參與這個研究。每一位皆符合下列標準：(a)每天喝八杯以上的咖啡（超過1000mg咖啡因）；(b)已經有相關生理的和行為症狀的報告（如，神經質的）；和 (c)希望能減少他們咖啡因的攝取。

(三) 場所 (Setting)

受試者在任何和所有的環境中，自我監控整天所喝的咖啡量。

（四）依變項 (Dependent Variable)

本研究的依變項為每天攝取的咖啡因量。由受試者記錄他們所喝的含有咖啡因飲料數目和種類來決定。研究者預先知道受試者喝的飲料中的咖啡因量（如，調配咖啡、即溶咖啡、茶、可樂）。

（五）自變項 (Independent Variable)

將使用減少抽煙的有效處理計畫，當作一個自變項。受試者在計畫開始時，付出\$20.00，若他們達到標的目標時，則可作為一個補償。每一位受試者都簽一份解釋規則和步驟的契約書。亦使用變更標準，以逐漸地減少咖啡因的攝取。

（六）設計 (The Design)

作者使用一個基本變更標準設計，以減少行為。包括基準線、四個處理階段和計畫結束後，長達40個星期測量的追蹤期。雖然三位受試者允許研究者在研究中，作跨個體的複製，但這是不需要的。

（七）介入 (The Intervention)

如前所提，每位受試者在研究一開始時，寄存\$20.00。若他們能符合研究者特定的四個標準程度，則他們能拿回四

次，每次$2.50，共$10.00的付款。若他們在一個處理階段
中的任何一天，沒有超過標準程度，他們可獲得$1.00獎
金，和有資格在研究結束時，獲得$10.00的獎金。若他們超
過任何一個處理期的標準程度，他們會失去$2.50、獎金和
資格。

（八）資料獲得和圖示結果（Obtaining the Data and Plotting the Results）

受試者藉著紀錄他們所喝下含有咖啡因飲料的數目和種
類，自我監控咖啡因的攝取。他們使用一個提供的轉換表，
可持續地記錄每天咖啡因的攝取。在一天的最後，他們記錄
總攝取量。由基準線資料中決定，特定的四個標準程度，以
逐漸地減少咖啡因的攝取至600mg或更少。在完成處理階段
之後，每隔2星期，打電話給每一位受試者，並要求他們在
接下來的2天，監督他或她的攝取量。

（九）結果（Results）

受試者1咖啡因攝取量，在基準線期的每天平均1,008mg，
減少到每天平均357mg（見圖12-2）。在40星期的追蹤期中，
她的攝取減少至300mg以下。

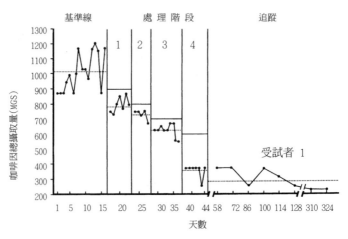

圖12-2 使用變標準設計減少行為研究中受試者1的資料

註解：Form 〝Behavioral Treatment of Caffeinism:Reducing Excessive Coffee Drinking,〞 by R.M.Foxx and A.Rubinoff,1979,Journal of Applied Behavior Analysis,12,p.339.Copyright 1979 by the Society for the Experimental Analysis of Behavior.Reprinted with permission.

　　受試者2呈現類似的減少，從基準線期平均1,147mg到最後處理期平均357mg，到追蹤期平均250mg（見圖12-3）。

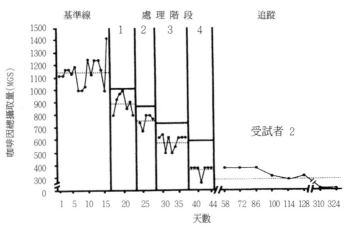

圖12-3 使用變更標準設計減少行為研究中受試者2的資料

註解：Form 〝Behavioral Treatment of Caffeinism:Reducing Excessive Coffee Drinking,〞 by R.M.Foxx and A.Rubinoff,1979,Journal of Applied Behavior Analysis,12,p.339.Copyright 1979 by the Society for the Experimental Analysis of Behavior.Reprinted with permission.

　　受試者3的結果，雖然是有幫助的，但不是足以令人信服的（見圖12-4）。他的攝取，從基準線平均1,175mg 減少至平均314mg（最後處理期）。然而，他在第三和第四處理期中，各有一天超過標準程度。在追蹤期時，他的攝取增加至平均537mg。作者認定他的程度仍然低於計畫成功的平均標準600mg。

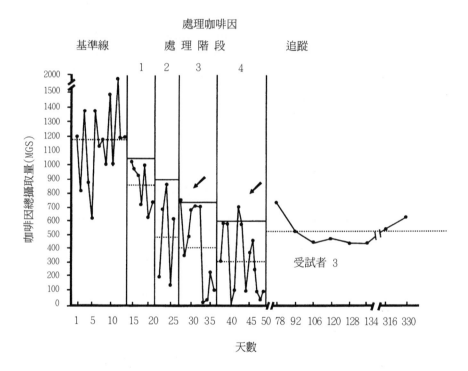

圖12-4 使用變更標準設計減少行為研究中受試者3的資料

註解：Form〝Behavioral Treatment of Caffeinism:Reducing Excessive Coffee Drinking,〞by R.M.Foxx and A.Rubinoff,1979,Journal of Applied Behavior Analysis,12,p.339.Copyright 1979 by the Society for the Experimental Analysis of Behavior.Reprinted with permission.

（十）為何使用變更標準設計？
(Why Use a Changing Criterion Design?)

　　這篇研究本質上為一理想的變更標準設計。能逐漸地減少標的行為、咖啡因飲料的攝取。此外，圖表的視覺特性，可協助自我監控的步驟。

（十一）研究的限制 (Limitations of the Study)

　　如前所述，雖然本研究中可看到正面的結果，在決定那一個方面是有責任的，仍為困難。作者亦注意到其他會影響結果的因素，如受試者減少攝取的渴望和社會的壓力。亦要考慮自我監控步驟的信度。

（十二）摘要 (Summary)

　　表12-2說明了這個基本變更標準設計相關重點的摘要。

標題(特徵)	敘述
設計的類型	基本變更標準設計：減少行為
研究目標	決定一個設計減少攝取咖啡因飲料行為計劃之效果
受試者	三位有過飲用咖啡超量經歷的自願者
安置	自然的環境
依變項	每天攝取咖啡因的總量(mgs)
自變項	包含有金錢增強的行為計畫和增強用的變更標準
結果與成果	三位受試者咖啡因的攝取，由每天平均超過1000mg減少至低於600mg的處理，是有效的。

表12-2 〝咖啡因的行為處理：減少過度咖啡飲用〞之摘要。

三、不同長度處理階段之變更標準設計
(Changing Criterion Design With Treatment Phases of Different Lengths)

以下實例出處為：

Smith, M. A., Schloss, P. J., & Israelite, N. K. (1986). Evaluation of a simile recognition treatment program for hearing-impaired students. Journal of Speech and Hearing Disorders, 51, 134-139

(一) 研究問題 (Research Question)

在這個研究中，研究者呈現了一個加強聽覺受損學生經常使用明喻認知介入計畫之功效。

(二) 受試者 (Subjects)

受試者是二位20歲的大學生。受試者1為不知原因的先天兩側重度到極重度感覺神經聽覺喪失的男性。受試者2是因為母親德國麻疹，而造成二側重度感覺神經聽覺喪失、全日住院的女性病人。在此研究中，二位都戴著助聽器。

（三）場所 (Setting)

受試者加入大學語言和聽力門診的成人治療計畫。治療的進行是在一個裝有麥克風和與隔壁觀察室相接之雙向鏡子的房間內。

（四）依變項 (Dependent Variable)

依變項為受試者正確地應用八個明喻（例如，〝如雲雀般地快樂〞）。作者發展出18個未完成的片段，且與八個明喻中的每一個都有關（例如，〝我的母親贏了一個到夏威夷的旅行。她是 ＿＿＿＿〞 適合使用以上的明喻）。每一個明喻適合隨意選擇的三個未完成片段。因此，可決定出在每一個期間內，八個明喻正確應用於24個未完成片段的總數目。

（五）自變項 (Independent Variable)

本研究的自變項是一個關於教學、復習、範例和以伴隨著變更標準的增強回饋所設計之介入計畫。

（六）設計 (The Design)

研究者使用不同長度處理階段的變更標準設計，來評估處理效果。藉著受試者對不同長度標準程度作出反應，使練習和成熟可能的混淆變項，有更好的控制。雖然多於一個的受試者是不必要的，但是若結果複製超越過二位受試者，這會加強一個函數關係的呈現。

（七）介入 (The Intervention)

　　在基準線觀察的第一個期間，受試者（a）閱讀明喻術語的定義（b）明喻例子的給予（c）將144個片段中的一個，與八個正確明喻的其中一個配對。在後來的基準線觀察中，給予受試者24次機會，藉著敘述一個正確明喻，對隨意選擇的片段作出反應。作出非特定的增強敘述，但是沒有給予關於正確反應的回饋。這兩個跨越基準線期間的測量指出每位受試者需要這個介入。

　　有八個介入次階段符合八個標的明喻。再次和受試者複習明喻。然後在介入期間，給予受試者對於正確反應的特定增強，和對於有不正確步驟時，給予正確步驟。持續正確步驟，直到受試者敘述正確的明喻。執行的期間為一星期三次，每個期間30分鐘，共35個時段。

　　基於以下的一般指引設定標準。第一受試者必須辨認所呈現24個片段中至少三個額外的新奇片段。第二，必需維持先前發展技巧的80%或更高的精確性。在每一個期間前告知受試者標準程度，和他們必須達到至少兩個期間的標準程度。

（八）資料獲得和圖示結果
(Obtaining the Data and Plotting the Results)

　　二位獨立觀察者紀錄八個明喻對於由原先144個片段中選出的24個未完成片段之正確和不正確應用數目。因為機會的數目保持一定，研究者只需要報告每一時段的總數目（最多達到24）。將評估資料繪圖並和受試者分享。二位獨立觀察者在每一個次階段中獲得至少一次觀察者間信度。

（九）結果（Results）

　　由圖12-5中可看出，受試者1和2在基準線期間沒有正確地分辨出任何的明喻。然而，在處理期間，受試者1在前七個介入次階段的標準程度為2，5，9，11，13，17和20（由可能的24個中而來）。在次階段8，他在最後的三個期間，都獲得23的正確反應速率。因為時間的侷限，受試者2只完成計畫的七個次階段。標準程度設定為2，4，7，11，14，18和22。圖12-5呈現她的反應亦普遍地增加至標準程度，雖然她在七個期間內，有四個期間未達到18的標準程度。在次階段7的最後四個期間，她獲得正確的反應速率20，22，24，和23。在基準線或介入階段，任一位受試者的點--對--點觀察者間的信度未少於95%。

受試者 1

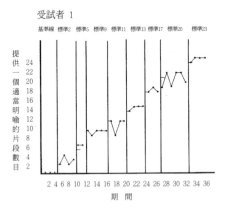

受試者 2

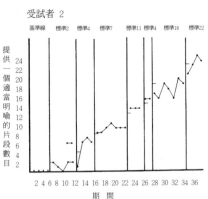

圖12-5 使用不同階段長度變更標準設計研究受試者1和2的資料

註解：Form "Evaluation of a Simile Recognition Treatment Program for Hearing-Impaired Students," by M.A.Smith,P.J.Schloss, and N.K. Israelite,1986,Journal of Speech and Hearing Disorders,51,p.137. Copyright 1986 by the American Speech,Language,and Hearing Association. Reprinted with permission.

（十）爲何使用不同長度處理階段變更標準設計？(Why Use a Changing Criterion Design With Treatment Phases of Different Lengths?)

當目標爲學生表現的逐漸增加時，這個設計是理想的。作者選擇這個設計是因爲它提供了一個增加受試者明喻認知技巧介入計畫之邏輯的、系統的和正面的評鑑。這個設計允許在開始時對表現有適度的期待，和當學生更熟練時再增加期待。藉著不同長度的處理階段，建立更多的實驗控制。

（十一）研究的限制 (Limitations of the Study)

一個可能的限制是這個變更標準設計在收集資料和在提供系統指導上，需要高程度的涉入。沒有其他人的支持，單獨的治療師會感到調查這種性質的計畫是不可能的。

（十二）摘要 (Summary)

表12-3說明了這個基本變更標準設計相關重點的摘要。

特徵	敘述
設計的類型	不同長度處理階段的變更標準設計。
研究目標	呈現增加聽覺受損學生明喻分辨技巧介入計畫的效果。
受試者	兩位20歲有重度到極重度聽覺受損的大學生。
安置	語言和聽力門診。
依變項	受試者明喻的正確應用。
自變項	一個關於教學、復習、範例和伴隨著變更標準的增強回饋之介入計劃。
結果	處理計畫增加受試者正確配對明喻的能力。

表12-3 〝對於聽覺受損學生明喻分辨處理計畫評鑑〞之摘要。

 四、回到基準線階段之變更標準設計
(Changing Criterion Design With a Return To Baseline Phase)

以下實例出處為：

De Luca, R., & Holborn, S. W. (1992). Effects of a variable-ratio reinforcement schedule with changing criterion on exercise in obese and nonobese boys. Journal of Applied Behavior Analysis, 25, 671-679.

（一）研究問題 (Research Question)

作者設計這個研究以決定變動比率（VR）時制是否能增加和維持運動的高速率。本篇研究爲作者以前研究的延伸。以前的研究使用固定比率（FR）時制，以增加學生運動技巧。他們希望比較二個研究的結果，以決定是否只有一種類型的時制是較好的。

（二）受試者 (Subjects)

受試者是六個男孩，每位11歲。三位是肥胖的，三位是正常體重。再次強調，多個個體可加強這個設計。

（三）場所 (Setting)

這個研究是在小學的保健室裡進行。每位受試者在學校保健室裡的固定式腳踏車上做運動。

（四）依變項 (Dependent Variables)

標的行爲是在固定式運動腳踏車上騎腳踏車。測量騎腳踏車是在（a)受試者在每一個時段內全部的反應速率（b)每一個期間內運動花費的全部時間。

（五）自變項 (Independent Variables)

自變項是一個代幣系統，受試者藉著騎腳踏車，獲得點數，以在增強物清單中交換增強物（一個握柄式電池操作遊戲、風箏、腳踏車車鈴、旋轉燈、模型車、模型飛機、拼圖、冒險和漫畫書）。亦使用為了增強的不同時制和標準。

（六）設計 (The Design)

本研究使用一個回到基準線階段的變更標準設計。對於每位受試者的表現，執行一個不同標準的增強變動比率(VR)時制。

（七）介入 (The Intervention)

受試者個別地接受每天一次的施測，從星期一到星期五，約12週。在每一期間的一開始，給予全部受試者一個相同的指令，如〝你喜歡運動多久就多久〞。當受試者自腳踏車下來或設定好的30分鐘已經過去，則中止時段。在建立穩定的基準線之後，執行九個期間的增強變動比率（VR）時制（如每分鐘70-85旋轉速率）。

在三個變動比率次階段中的每一個次階段，建立超越前一次階段的反應平均數15%的標準。換言之，〝基於每位受試者在前一次階段的表現，規定每位受試者表現的不同標準〞(p.673)。為了更進一步地決定變動比率（VR）時制的效果，在第三個介入次階段之後，執行一個回到基準線階段。最後，恢復相同的變動比率（VR）次階段。

（八）資料獲得和圖示結果
(Obtaining the Data and Plotting the Results)

　　實驗者坐在腳踏車器具後，以避開受試者的視線，當受試者開始騎腳踏車時，開始記錄資料。為了精確的資料收集，這個固定式腳踏車設計為在反應不同數目發生時，有信號。每一次鈴響和燈亮，受試者獲得一點，可在代幣系統中使用。

（九）結果 (Results)

　　在基準線期，非肥胖男孩反應出每分鐘平均71.9轉和肥胖男孩反應出每分鐘平均59.2轉（見圖12-6）。在第一個次階段，對非肥胖和肥胖男孩的反應平均速率分別為每分鐘98.89和85.51轉。在第二個次階段，反應速率每分鐘增加至114.2和101.2。平均反應速率在第三個次階段對非肥胖和肥胖男孩分別為每分鐘130.0和117.0。在這個階段之後，短暫地回到基準線，產生了反應速率在非肥胖男孩上減少至95.3，在肥胖男孩上為83.6。然而，當增強再次加入，在所有男孩上，皆產生最高的反應速率（非肥胖男孩，138.7，和肥胖男孩，123.6）。作者比較本篇變動比率（VR）時制研究和他們先前固定比率（FR）時制增強研究（De Luca & Holborn, 1990），並指出變更標準設計的變動比率（VR）次階段產生運動速率較大的增加。

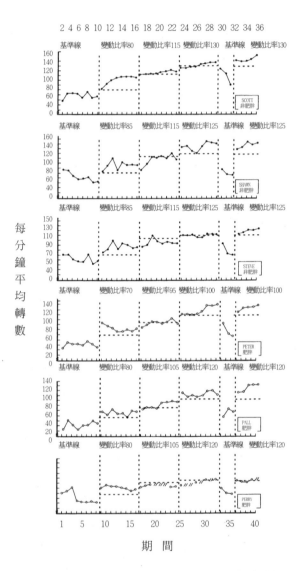

圖12-6 使用一個回到基準線的變更標準設計受試者的資料

註解‧Form "Effects of a Variable-Ratio Reinforcement Schedule With Changing Criterion on Exercise in Obese and Nonobese Boys," by R. Deluca and S.Holbom,1992,Journal of Applied Behavior Analysis,25,p.677. Copyright 1992 by the Society for the Experimental Analysis of Behavior.Reprinted with Permission.

(十) 為何使用回到基準線變更標準設計？
(Why Use Changing Criterion Design With a Return to Baseline?)

研究者對於決定增加非肥胖和肥胖男孩騎腳踏車之變動比率和變更標準增強步驟的效果感到興趣。本篇設計提供根據受試者本身基準線表現設定最初標準的機會，和允許每位受試者透過小的連續增量，增加本身的速率。透過這個方法，逐漸地和有系統地增加運動速率。藉著回復基準線條件和記下所有受試者反應的減少，提供了自變項和依變項間函數關係更令人信服的證明。

(十一) 研究的限制 (Limitations of the Study)

本研究的一個限制為性別偏見。可注意到在研究中，過重的女孩多於男孩，然而作者在研究中只包括男孩。因此，這個發現可能無法推論至一般群體。

(十二) 摘要 (Summary)

表12-4 說明了這個變更標準研究相關重點的摘要。

特徵	敘述
設計的類型	回到基準線階段變更標準設計。
研究目標	決定變動比率(VR)時制對於肥胖和非肥胖孩童增加運動速率的效果。
受試者	三位肥胖和三位非肥胖的11歲男孩。
安置	小學的保健室。
依變項	騎一台固定式的運動腳踏車。
自變項	代幣系統以在增強物清單中交換增強物伴隨著增強的變更變動比率(VR)時制。
結果	變動比率(VR)時制產生增加的運動速率。

表12-4　〝變更標準變動比率增強時制在肥胖和非肥胖男孩
運動的效果〞之摘要。

註解：VR＝變動比率

　　變更標準設計可在多種情況下使用，和在標的行為中產生逐步的變更是有用的。在這個點上，我們討論了每一個主要的設計和他們的適應。不論使用那一種設計，研究者必須分析收集的資料，以決定自變項和依變項間的函數關係是否存在。資料分析可採用視覺的、統計的或質的方法。我們會在最後一章探究每一個可能性。

 參考文獻（Reference）

De Luca, R. V., & Holborn, S. W. (1990). Effects of fixed-interval and fixed-ratio schedules of token reinforcement on exercise with obese and non-obese boys. Psychological record, 40, 67-82

PART 3

單一受試者研究之結果分析

第十三章　資料分析之方法

重要概念

一、目視分析法

(一) 什麼時候使用目視分析法
(二) 目視分析法之應用
(三) 目視分析法的優點
(四) 目視分析法的限制

二、統計分析法

(一) 什麼時候使用統計分析法
(二) 如何使用統計分析法
(三) 統計分析法的限制

三、質的分析法

(一) 什麼時候使用質的分析法
(二) 如何使用質的分析法
(三) 質的分析法的限制

四、最後之評論

王志全

　　在本章，我們將討論資料分析與解釋的三種方法。首先是目視分析法，一種最常用來立即解釋研究結果的方法。第二是統計分析法，許多專家對於僅用目視分析法分析資料頗有批評，因此在發表的文章中，統計分析法被使用的頻率增加了許多。第三是質的資料分析，在單一受試者的研究上，質的研究方法逐漸流行，此法除了避免研究者受限於數字的解釋外，並能擴展對行為發生改變之觀點的分析能力。研究者做研究時必須準備好能使用上述三種方法。任何一種方法都有其優點及限制，研究者若想藉由收集更多的資料量及資料類型，以增加分析變項間函數關係的能力，則可合併使用上述資料分析的方法。我們可由質及量的分析方式來解釋達到顯著改變之行為。在本書中提及很多次，所有研究者的目的都是在證明是否達到實驗的效果（亦即自變項和依變項間存有函數關係）和治療的標準（亦即改變是否達顯著；Alberto & Troutman，1999）。讀者不須強迫選擇某種資料分析的方法，而是要用合理正確的方法去解釋或報告研究的結果。

一、目視分析法 (Visual Analysis)

　　Richards、Taylor和 Ramasamy（1997）指出專家們在申請及執行研究時，常以目視分析資料的方式來推論行為的改變是否有效。然而，這些作者都認為目視分析法的限制是因為含有主觀的成份。專家們一致同意，以圖表的方式檢閱及分析資料，至少可以部分減少分析時主觀性的影響

(Alberto & Troutman，1999)。接下來我們將說明使用目視分析法的時機、如何使用目視分析及給研究者的建議，最後並討論其限制。

（一）什麼時候使用目視分析法
（When to use Visual Analysis）

目視分析法通常用於收集屬於連續性數字的資料（例如，第三章中敘述過的方法）、以圖表方式敘述資料或研究者希望對研究結果做形成性和總結性的分析。研究者以行為水準（依變項的表現）及趨勢（持穩或改變的資料路徑型態，Taweny & Gast，1984）兩種觀點來解釋資料。更具體的來說，研究者解釋數字資料點、行為表現的變化、行為表現的水準以及所產生行為趨勢的程度和方向（Cooper, Heron, & Heward，1987）。Taweny和Gast亦認為上述的觀點可用來解釋研究中階段內及階段間的變化（基準線期和處理期之內及之間的變化）。

Cooper等人（1987）提出幾個在對圖表資料進行目視分析前，要先回答的問題。雖然這些問題是為了提醒讀者在看研究報告時所要注意的，但對研究者而言同樣重要。研究者必須思考、決定如何去建構資料的圖表。我們修改了這些問題，使其以更適合研究者的方式呈現，這些問題是：

1.圖例、軸和所有階段是否標示清楚？
2.Y軸（依變項）上量尺的刻度是否合適？也就是說，刻度上呈現的改變應與在教育上的改變相對稱（例如，尺度上小的改變不代表在行為上有巨大的改變，除非行為的改變

是達顯著）。相對的，有關健康或生命安全的行為，雖然在量尺上只有一個刻度的小改變，但卻是很重要的。相反的，在正確解決數學問題的百分率有些微改變，則不代表達到顯著的改變。

3.圖表上的一個資料點是代表個體的單次表現或為某一群的表現？後者包含了此一群行為表現的全距或變異情況。

　　Cooper等人認為如果圖表的建構是不正確的，此時資料的目視分析法應有其限制。

（二）目視分析法的應用 (Applying Visual Analysis)

　　之前提及目視分析法主要被應用在1.檢閱階段或情境內的改變。2.檢閱跨階段間或情境間的改變。前者用來解釋數字資料點、行為表現的變動、行為表現水準及行為趨勢的程度和方向 (Cooper et al, 1987)。

1.階段內的數字資料點 (Number of Data Points Within A Phase)

　　階段內的數字資料點必須足夠，以決定形成的資料路徑能否正確代表依變項的行為表現。很清楚的，當數字資料點愈多，則做決定時愈有信心。我們聽到有些學生認為基準線期只要包含三個數字資料點，有些人認為最好是五、十或十五個數字資料點。當很清楚的顯示依變項沒有改變或只有一種改變，此時可以只用少數有限的數字資料點。例如，在沒有教導的情形下，個案的標的行為不是會出現（如，音素與字母的配對），則基準線期可以只使用少數有限的數字資料

點，因爲此時只要證明未獲得標的行爲即可。當標的行爲出現時，則不能只依靠固定數量的數字資料點，而是需要收集更多的數字資料點，來正確的描繪行爲表現。例如，標的行爲是干擾班級行爲，其頻次的變化可能相當大，此時很難事先就決定觀察的次數來獲得穩定的基準線期。此時，重要的是要將行爲表現的變動性呈現出來。

2.行爲表現的變動（Variability in Performance）

如果個體的行爲表現是小幅變動（如，平坦的資料路徑）、或有清楚趨勢的穩定資料路徑（如：持續增加〔加速〕或減少〔減速〕）。此時研究者只需要少數的數字資料點。當個體的行爲表現是波動的，此時則需要更多的數字資料點。Cooper等人（1987）指出，一個階段的資料點數重複出現時，將可以改變所需要收集的資料點數目。在撤回設計中（見第五章），可能會遇到這樣的情況。例如，希望減少個體說話不流暢的行爲。在介入處理期即清楚的顯示行爲減少的程度已達事先決定的行爲標準，當執行第二個基準線期時（撤回介入處理），說話不流暢的資料路徑立即顯示向上的趨勢。雖然就研究的觀點而言，回到基準線期的行爲表現水準是符合期待的，但令一方面，更令人相信的是，這樣的措施對個體可能是有害的，且不是其它關心個體的人所希望的。因此，當在倫理的考量下，只要有充份資料點數來顯示行爲水準的改變（例如，能顯示說話不流暢的立即增加）和趨勢（由幾個資料點顯示持續朝上的趨勢）即可接受。另外要考量介入處理的倫理和社會效度在另一情境是否也相同。例如，個體有不同比率的自虐行爲（但沒有危及健康）。因爲在基準線期可能沒有新的作用可使標的行爲改變（亦即，

此種不同比率的自虐行為狀況是持續的），所以研究者最好限制其所要收集的資料點數目（Cooper et al，1987）。

3.行為表現的水準（Level of Behavior）

行為水準是指標的行為的表現和其可能的變化，此變化可能是垂直的。也就是說，以向上或向下跳的資料路徑來描繪標的行為顯著和立即的改變（見圖13-1）。

當階段內的行為表現是變動的，此時計算行為表現的平均數，並畫一條橫越此階段的水平線來當做行為水準。也可以中數或全距來畫行為水準的水平線（Cooper et al，1987）。圖13-2分別以行為表現的平均數、中數及全距來畫行為水準線。當資料路徑是變動時，行為水準線能幫助研究者決定整體的行為表現為何。同樣的，在解釋不同階段的資料時，這些線變得很重要。一般而言，行為表現的變動愈大，愈喜歡以中數線或全距來代表有意義的行為表現水準線。Tawney和Gast（1984）建議，如果有百分之八十的數字資料點落在平均數線值的百分之十五範圍內，此時資料是穩定的，以平均數畫出的行為水準是可接受的。無論如何，這只是一個經驗而不是標準公式。實際上，依變項行為表現間的關係、階段的效果、預期的結果和資料的總數等是依據每個資料點所描繪（如全天或每天的某個時段），穩定且有意義的行為水準可以用這些資料點來決定，行為趨勢也可如此做。可以用計算階段內第一個和最後一個資料點間的差距，或是最先幾個資料點和最後幾個資料點平均數間的差距來描繪（Cooper et al, 1987）。

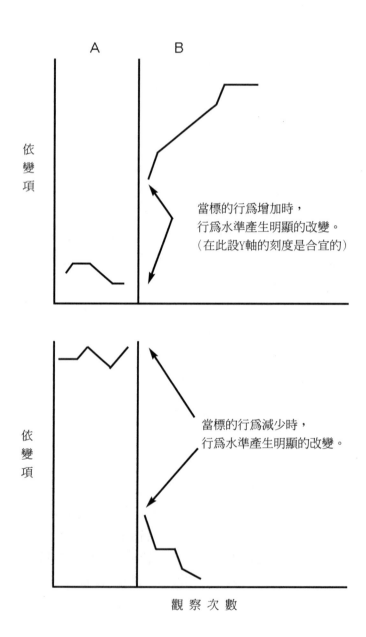

圖13-1 行為水準改變的例子

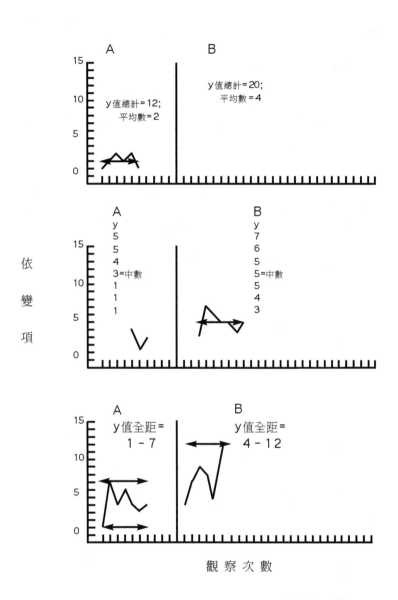

圖13-2 以平均數、中數、全距表示行為水準線的例子

Single Subject Research

4. 趨勢（Trend）

趨勢係解釋資料路徑的方向。研究者關心趨勢是否平坦、增加(加速)或減少(減速)，及是否變動或穩定。上述現象可由趨勢的表現來看。當資料路徑的描繪有清楚穩定的方向時，趨勢也會相對的明顯。同樣的，趨勢方向的改變（如：由增加到減少）也會相當清楚。不論如何，在大多數的例子中，資料點是變動的，趨勢是不明顯的。因此研究者需要去建構趨勢線。中裂線法(Split-Middle Line)是建構趨勢線的一種方法，圖13-3說明了中裂線法的描繪程序。中裂線法提供了由資料點描繪趨勢線的較佳方法。雖然不能由其等距圖中精準的計算其增加或減少的速率，但若要知其速率可用對數圖(Logarithmic Charts)來表示（Tawney & Gast，1984）。

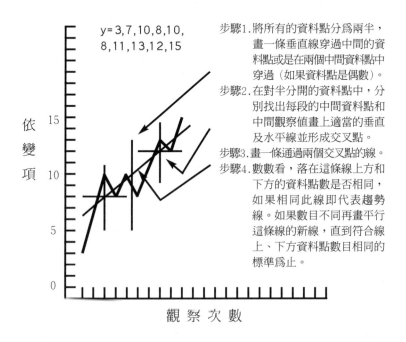

步驟1.將所有的資料點分為兩半，畫一條垂直線穿過中間的資料點或是在兩個中間資料點中穿過（如果資料點是偶數）。

步驟2.在對半分開的資料點中，分別找出每段的中間資料點和中間觀察值畫上適當的垂直及水平線並形成交叉點。

步驟3.畫一條通過兩個交叉點的線。

步驟4.數數看，落在這條線上方和下方的資料點數是否相同，如果相同此線即代表趨勢線。如果數目不同再畫平行這條線的新線，直到符合線上、下方資料點數目相同的標準為止。

圖13-3 舉例說明以中裂線法繪製趨勢線的過程

　　評估階段內的行為水準及趨勢是很重要的，能明確的了解基準線期和處理期發生了什麼變化。分析相鄰階段的行為水準及趨勢也同樣重要。更明確的來說，目視分析法的重心，在評估研究過程中由基準線期到處理期的行為水準和趨勢，或是由處理期到基準線期的行為水準和趨勢。

5.跨階段的目視分析
（Applying Visual Analysis Across Phase）

　　上述的討論原則同樣可以應用在研究者使用目視分析法分析研究中的不同階段時，此時，目視分析的重點在於決定資料路徑之水準及趨勢是否朝預測的方向作改變。如此研究者〝較有可能〞得到驗證。假如水準及趨勢的改變與其它個體、情境、行為類似，或改變是發生在介入處理時，那麼更需要進行研究結果的複製。我們之所以強調〝較有可能〞是因目視分析法並非每次都能充份的藉由結果來說明自變項與依變項之間的函數關係。然而，它對了於解資料路徑的變化卻是十分有用的。

　　以下三種情況，研究者必須解釋其所收集的資料：

a.當階段改變時，而依變項的表現水準也有立即的改變。
b.階段內整體的表現水準及與其它階段的整體表現水準做比較時。
c.階段改變時，趨勢的改變。

a.行為水準的立即變化（Immediate Changes in Level）。
　　當階段改變時，行為水準也立即的改變，此種變化通常可做為一個目視的指標，顯示介入處理（或撤回介入）產生

某些效果（或是沒有效果、或是決定性的效果）。舉例而言，
假設標的行為是吃垃圾食物（記住我們必須更精確地定義何
謂〝垃圾食物〞）。在基準線期顯示出穩定的高消費水準（或
是持續的增加），而當引進介入處理時，垃圾食物的消費量
戲劇性的減少，資料路徑的變化顯示介入處理對於標的行為
是有效的（為了確定其函數關係，複製此結果是必要的）。
另一方面，假設標的行為是適當的玩，基準線期的測量顯示
穩定但低頻次的〝適當的玩〞，當引進介入處理時，適當的
玩只產生些微的改變。在此顯示介入處理是無效的或只有少
許的效果。Tawney & Gast（1984）建議以下列步驟分析情
境間的行為水準變化：

1. 確認第一個階段的最後一個數字資料點和第二階段的第一
   個數字資料點（也就是被階段線分隔的兩個數字資料點）。
2. 大的數字資料點減去小的數字資料點。
3. 需留意。改變所代表的意義是指行為表現的進步、沒變化
   或是退步。

　　當然，經過一段時間所收集到的數字資料點，仍有相當
重要的考量。一個立即顯著的變化可能不會出現，但在一連
串的數字資料後，可能顯示出穩定的改變，來做為介入處理
後行為產生變化的證明。雖然它的變化並不是十分明顯，但
這類的例子仍可以做為行為表現變化的證明。

b. **比較不同階段的表現**（Comparing Performance Across
Phase）。通常，當一個階段的行為表現範圍和相鄰階段沒有
重疊時，此時，研究者可將其看成一個目視的指標，表示行

為已經發生改變（Cooper et al，1987，如圖13-4）。當未重疊時，可用每個階段的平均數或中數線來做比較。Tawney & Gast（1984）建議計算兩個階段彼此間重疊的比率，其計算的方法為：

1.決定第一個階段數字資料點的全距。
2.計算第二個階段中落入此全距範圍內的數字資料點數。
3.計算第一個階段內的數字資料點數。
4.將第二步驟所得的數值除以第三步驟所得的數值再乘上百分百（%）

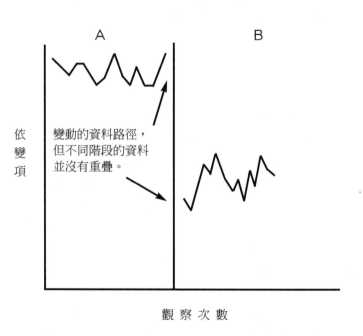

圖13-4 舉例說明跨階段的行為改變

以下是此計算過程的實例：

David是一個肢障學生，被安置在八年級Edward先生的班上。Edward想要改變David的標的行為是減少在浴室的時間。使用時距記錄法（每次多少分鐘）。在基準線期David每次花的時間為10、12、10、11、13、11、10、13、16分鐘。Edward採撤回設計，用區別增強來降低行為發生率（整體可被接受的標準設定為：在連續四次的觀察中有三次在2分鐘以內）。在第一個處理期內，David每次花的時間為9、10、8、5、3、3、2、2、2。計算過程為 1. 基準線期數字資料點全距為10-16分鐘，2. 處理期只有觀察值10分鐘落入這個全距內，3. 基準線期內共有十個數字資料點，4. 一除以十乘上百分百（%），我們可以得到10%的重疊率。

一般而言，愈小的重疊率，表示該介入處理愈有效（假設所比較的是基準線期和介入處理期）。

c. **趨勢的改變**（Trend Changes）。雖然研究者會預測趨勢（如，在基準線期是平坦或增加的趨勢，到了處理期會變為減少），且跨階段趨勢改變的評量方法和在階段內的方法相似。和行為水準的改變類似，一個立即的趨勢改變，意味介入處理產生了預期的效果（或反效果）。例如，個體的標的行為是解決數學問題，且速度和正確性都很重要。在基準線期時的速度和正確性都很低且穩定，當引進介入處理時（如：改變增強的標準），速度增快但正確性降低。表示個體嘗試解答更多的題目，卻增加了失誤。這樣一個正確性的轉變，暗示必須再加入其它的介入處理。另一方面，假若個體的正確性和速度同時增加，研究者可以合理的認為介入處理有預期的效果，雖然必須再複製出一樣的結果以確定其函數

關係。

　　先前提及的中裂線程序，同樣的可應用在不同階段的目視分析中。整體的趨勢可能不像單一趨勢般，資料間有明顯可見的因果關係。這些線可以協助研究者決定趨勢是什麼，依變項是否出現預期或非預期之趨勢的改變。有些時候，趨勢的陡峭度可當做介入處理的強度（或缺乏）的指標。例如，資料路徑顯示改變水準的連續增加（整體的目標是增加標的行為），也可以顯示介入處理的效果。無論如何，研究者必須記住，在先前所提出的警告，當等距圖間距極大（較陡的趨勢線），或極小（較不陡的趨勢線）時，圖表可能會產生誤導，使用對數圖可避免此問題，但是等距圖在文獻中仍是較常看到的方法。

　　雖然目視分析法被使用多年，也被廣泛應用，但仍有嚴重的缺陷，且許多研究者均舉出使用目視分析法的限制。首先我們討論目視分析法相對於統計分析法的優點。

三、目視分析法的優點
（Advantages of Visual Analysis）

　　Cooper等人（1987）提出目視分析法的四項優點。

1. 最重要的是其社會顯著性。例如，標的行為的改變不足以大到統計上的顯著，卻有可能在臨床上或教育上有相當顯著的意義（如：縱火行為的減少）。

2. 目視分析法比較能指出有強烈改變的結果或具有社會性顯著效果的自變項。當自變項對社會性顯著的影響是弱的，但在統計上達顯著時，此時統計上的顯著可能會被認為自變項的效果是強力有效的。

3. 目視分析法鼓勵研究者和讀者仔細檢驗數據的每個層面，以決定造成變異的來源，而非只看研究結果。

4. 統計分析法需要符合特定的假設，而目視分析法允許較大的彈性。

四、目視分析法限制
(Limitations To Visual Analysis)

　　儘管目視分析法有上述的優點，在此仍要談及其限制。DeProspero & Cohen (1979) 指出目視分析法不像統計分析法那般可信。兩位學者認為目視分析法的架構既不嚴謹也不精確，以致兩位獨立的分析者對同一筆資料的分析結果並不一致。Ottenbacher (1990) 發現三十位受試者，比較其同時使用客觀的分析法時，這些受試者在二十四個圖表上，無法以目視分析法來正確的評估基準線期至處理期是否有顯著改變。同樣的，Richards等人 (1997) 的報告中，大學生和研究生在應用行為分析的研究中，相較於使用客觀的分析法，均不能在相同的二十四個圖表上，以目視分析法正確的評估其行為是否有改變。事實上，與客觀的分析法相較，目視分析者會將實際上較小的改變視為有改變。Richards等人發現，當實際上沒有發生改變時，目視分析者卻較喜歡做出〝已發生顯著的行為改變〞的建議。當然，在一個應用研究當中，決定什麼是顯著的行為改變，是需考量許多變項的。Ottenbacher 及Richards等人的研究本身也有其限制，但是這些研究的結果仍然提醒我們要謹慎的使用目視分析法。如果使用目視分析法，此時使用者需受過良好的訓練且精通其過程。如能藉由比較兩個或更多的獨立的分析者對資

料的分析及其結果間的信度，如此對目視分析是有助益的。
如果兩個或更多的獨立分析者，對於資料的特性、行為水準
及趨勢改變的程度、和行為後果改變的顯著性看法一致，此
時讀者將對於目視分析法所得到的結論更有信心。Richards
等人認為，無論如何，目視分析法不是用來評估結果的唯一
方法，因為使用目視分析法時，研究者可以考慮加上其它有
效的方法。研究者可比較統計和目視的分析結果。如果可能
的話，當合併使用兩種方法，一方面可由統計的程序對顯著
的行為改變得到客觀的證實（或反駁），同時以目視分析對
行為水準及趨勢的改變提供彈性的解釋，如此將有助於以更
精緻的觀點解釋此研究。

二、統計分析法
(Statistical Analysis)

如目視分析法，統計分析法也有其優缺點，我們將討論
統計分析法如何被使用及研究者使用時的注意事項。

(一) 什麼時候使用統計分析法
(When to Use Statistical Analysis)

Kazdin（1978）建議，在單一受試者研究中，適合使
用統計分析法的幾個時機：
1.當引進介入處理時，研究者證實無法建立穩定的基準線期

及**趨勢**。此時使用統計分析法可以協助決定接下來的任何行為改變是否達顯著。例如，當一個有自我刺激行為的個體，在基準線期時，行為可能有少量的下降率，但無法穩定的呈現，這表示其行為的改變可能源自於已經存在的個體本身或環境變數。當然此種緩慢的改變仍是需要介入處理。當**趨勢**以及行為水準的改變無法以目視分析法證實時，統計分析法可協助研究者仔細檢驗接下來階段間的改變（Kazdin，1978）。

2.當研究者無法清楚地由目視分析介入處理的效果時。介入處理沒有完全達到研究者的預期，或介入處理的影響比預期的少，此時統計分析法特別重要。目視分析法很難對模稜兩可的結果進行分析，統計分析法能在介入處理效果不明確時，引導研究者獲得可信的發現（Kazdin，1978）。Kazdin 承認，大的介入效果通常伴隨有社會性顯著，但研究者不應排除真正可能由介入處理所造成之小的介入效果。

3.Kazdin 認為單一受試研究者的研究中，情境控制較不嚴謹及混淆變項增多的現象有日增的趨勢。因此可能導致行為表現的變動受到不相干因素的影響大於受介入處理效果的影響。在這樣的情境中，統計分析法能有效的決定是何原因造成顯著的改變效果。

(二) 如何使用統計分析法
(How to Use Statistical Analysis)

研究者常使用兩種統計分析的過程，描述統計（如平均數、中數、眾數、頻次）用來描述資料的面向，而無需推論

資料在統計上的顯著。推論統計用來考驗資料在統計上的顯著性。此外，當研究者希望類化其研究結果到其它個體（其它樣本或母群）時，也會使用推論統計，研究結果的類化一般不用描述統計。推論統計可以用來考驗兩個或更多個變項之間的關係是否達顯著（例如，Pearson積差相關、Spearman's rho）、或者考驗兩群或更多參與者間的差異是否達顯著（例如，變異數分析【ANOVA】、t 考驗）。描述統計需要符合的假設相當少，也就是說，研究者以統計的方式描述其資料時，不需符合事先規定的情境。描述統計的使用比較簡單且容易了解，因此我們將不討論其使用的方法。

使用推論統計時，需要符合一些假設的要求。這些假設會依不同的統計方法有所不同。推論統計分為母數統計和無母數統計兩類，每類均有其適用的假設。在選擇及使用某個統計方法之前，研究者必須徹底的指出及解釋所相對應的假設（見Kratchowill & Levin，1992 和Kazdin，1984，對於單一受試者研究之不同統計方法的假設及應用做非常徹底的討論）。在此，提出一些統計方法上的名詞，以避免我們像單一受試者研究的初學者般，對這些名詞產生爭議。無論如何，使用推論統計是否符合其假設時，必須提及單一受試者資料的系列相依及自我相關（Kamil，1995）。

特別是在母數統計，其中一個假設是，觀察值彼此間是相互獨立的。但在單一受試者卻不是如此，每個觀察值均是研究者由同一個體得來，而不是由團體中不同的個體得來。也就是說，同一觀察者所收集到的每個觀察值，而這些觀察值可能有**系列相依**（serial dependency）（Bush & Marascuilo，1992）。實際上，我們重複的預測並證實這些預測及複製這些證實，以證明函數關係的存在。在單一受試

者設計中連續的觀察值，有相關的傾向，亦即，他們是系列性的相關。這些有相關傾向的資料，可由現在的行為表現去預測未來的行為表現（因此觀察值間並不是完全獨立的）。可用自我相關來評估連續性資料間的相依程度（Kazdin，1984）。Kazdin認為**自我相關**（autocorrelation）係指被時間間隔或時距分開的資料點間的相關（r）。當違反這個假設時（譯者註：違反觀察值間是相互獨立的假設），認為其達顯著的可能就會增加（Kamil，1995）。在此的問題是容易犯第一類型錯誤。

第一類型錯誤（Type I error）係指實際上自變項未達顯著效果時，研究者推論其達顯著效果（錯誤的拒絕虛無假設）。因為自我相關的增加，可能會達到顯著的統計結果，而導致第一類型錯誤。Bush & Marascuilo（1992）綜合一些專家的發現推論，當單一受試者的資料是自我相關時，犯第一類型錯誤的風險會加倍或更高。一般使用第一間隔分析(Lag 1 Analysis)來決定違反假設（譯者註：自我相關）是否發生。

第一間隔內的自我相關係指在同一時間間隔內資料的配對。第一個資料和第二個資料配對，第二個資料和第三個資料配對，第三個和第四個資料配對，依此類推，計算其相關係數。Kamil（1995）建議使用Bartlett氏考驗（r）來計算其相關係數。Kazdin（1978）認為如果沒有系列相依或自我相關時，相關係數應該為零或接近零（亦即，資料點間的配對關係未達顯著）。然而，當相關係數明顯不等於零時（亦即，在此間隔內，資料點間的配對關係達統計上的顯著），此時資料間具有自我相關。

間隔的自我相關可能會延伸至第二間隔、第三間隔...

等等，其分析的方法可參考Kamil（1995）。通常以第一間隔
分析爲代表就足夠了。當第一間隔有自我相關，此時就不能
使用傳統的統計分析，接下來要討論的變異數考驗法，也必
須在沒有自我相關的情況下，才可使用。

1. t 考驗和變異數分析（t test and ANOVAS）

專家們討論在同一個體內使用 t 考驗和變異數的分析，
可以用來比較不同階段的資料（例如，基準線期和處理期
的比較，或是兩個以上的處理期間的比較）。在本質上，
是合計每個階段內的資料，並做階段間的比較（Busk &
Marascuilo，1992）。分析的單位（實際上拿來做比較的）
可能是每個階段的平均數或中數，及行爲水準或趨勢的改
變範圍（Busk & Marascuilo，1992）。t 考驗或 F 比率
（ANOVA）被計算出達顯著差異時，研究者可以依此決定那一
個階段有較高的平均值（係指此階段內所有資料的平均），
接下來研究者可以考量差異的方向是否支持原先的假設。舉
例來說，基準線期有顯著性較高的平均值，假如整體的目標
是要明顯的減少標的行爲，此時可得到目標已達成的推測。
相同的，當整體目標是要增加標的行爲而處理期有顯著性較
高的平均值，此時目標亦已達成。Kazdin（1984）強調在同
一設計內（如，A—B—A—B），相似階段的行爲反應可以合
併（A1+A2，B1+B2），以減少系列相依的影響。就理論而
言，觀察值間的間隔愈大（如A1和B2之間），自我相關將會
減小。不論如何，Kazdin（1984）告誡，使用母數統計的可
能問題在於自我相關的出現，將會嚴重的違反每個觀察值間
相互獨立的假設。

Kazdin（1984）亦指出使用 t 考驗或變異數分析來考驗平均數的差異時，不需考量由目視分析法所得到的行為趨勢，即基準線期行為可能是增加的，且此趨勢將延續進入處理期。雖然趨勢分析可以說明在處理期之前，個體的標的行為已發生改變，但統計分析卻可說明不同階段間行為表現的平均數差異是否達顯著。換言之，在自變項造成行為增加或改變之前，標的行為已發生明確、持續的改變，而統計分析可證實行為改變的結果是由介入處理所造成的。Busk和Marascuilo（1992）指出，當自我相關不明顯時，可使用這些統計方法，但在單一受試者資料中，大多數是具有自我相關，我們可以用其它的統計方法來處理這個問題，而時間序列分析就是其中一種。

2.時間序列分析（Time Series Analysis）

Kazdin（1978）指出，跨階段的平均值有明顯的改變時，使用時間序列分析可以探測行為水準的改變（當階段改變時，資料點的位置也改變）、坡度的改變（資料路徑所呈現的角度）或是趨勢。當平均數間有明顯的差異，而實際上階段間的趨勢、行為水準或資料路徑的坡度是模糊時，可使用此統計方法。如圖13-5所舉跨階段之資料路徑的例子。在圖13-5中的第一個例子，由基準線期至介入處理期的趨勢很難由目視上來做檢驗，使用 t 考驗或變異數分析也會產生混淆。第二個例子，趨勢發生改變，卻沒有明顯的行為水準改變。使用目視分析和 t 考驗或變異數分析，均很難由跨階段的行為表現資料表面得知其有實際上的差異。（亦即，每個階段所獲得的資料點相當類似）。在第一個例子中，缺少可

做趨勢明顯改變的分析；第二個例子中，缺少可做行為水準明顯改變的分析。當資料間有系列相依時，時間序列分析提供一種適當的 t 考驗程序，並且能提供跨階段間不同面向的行為改變訊息（Kazdin，1984）。由於實際的計算方法較複雜，故較常用電腦程式來計算。我們摘要自Kazdin（1978）和Kamil（1995）的作著，為讀者提供時間序列分析的簡單概述。

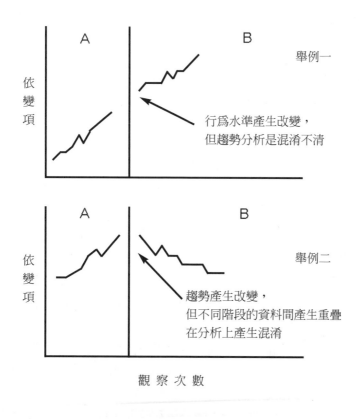

圖13-5 舉例說明跨階段的資料路徑

當系列相依發生,而要使用 t 考驗時,資料必須被轉換。而轉換的程度則視序列資料間相依的程度。有很多種方法可用,但每個方法均有其假設(Kazdin,1984)。依照相依的程度,選擇資料轉換的方法(亦即,如果沒有發生自我相關,資料轉換值為零)。將資料轉換後分開計算趨勢(坡度)和行為水準改變的 t 值。這個 t 值被用來考驗介入處理期內和基準線期內的系列資料間並無統計上的差異之虛無假設。這樣的方法可以說明,當目視分析法認為依變項有顯著的改變,而統計上卻沒有的例子。時間序列分析更適合用於單一受試者研究中常用到的多重基準線設計(Kazdin,1978)。

時間序列分析也有其限制。Kazdin(1978)指出為了確定轉換的方法(轉換值)能最符合其系列性,時間序列分析相對的需要較多的資料點(Busk和Marascuilo〔1992〕建議每個階段內至少要有三十五個資料點)。較短階段(譯者註:較少的資料點)將會影響分析結果的可信度,換言之,研究者不能確定所選擇的方法能適當的去處理觀察值本身的系列性(Kazdin,1984)。這將會導致犯**第二類型錯誤**(Type II error)。簡言之,當自變項的影響確實存在時,而研究者卻推論其無顯著的影響,此時便犯了**第二類型錯誤**(錯誤的接受虛無假設)。由於上述的因素,因此時間序列分析不被廣泛的研究使用,且研究者對其了解較少(至少在開始時)(Kazdin,1978)。McCleary和Welsn(1992)對時間序列分析做了深入的討論,並舉例說明當不正確的使用會如何造成錯誤或不確實的結果。Kazdin(1984)亦指出在許多單一受試者研究,於相對短的階段中使用時間序列分析有其困難和不適之處。當 t 考驗、變異數分析和時間序列分析都不適用時,可用隨機化考驗。

3.隨機化考驗（Randomization Test）

　　使用無母數統計時，所需的假設較母數統計來的不嚴謹。隨機化考驗屬於無母數統計。Kamil（1995）指出隨機化考驗是一種常見用於計算資料次序重複出現的統計。統計上的顯著與否是用來考驗一種相當罕有的現象，即資料配對的次序實際上是由隨機造成的（亦即，不是由介入處理造成的）。也就是說，隨機化考驗讓人有信心去說研究的結果是否由機率造成的。如果或然率是小的（如：p＜.05），此時可推測結果是由介入處理造成的。使用電腦進行分析是必要的，因為即使是少數量的觀察值，在其計算過程中的資料排列也會變的相當龐雜（Kamil，1995）。隨機化考驗提供除了t考驗、變異數分析和時間序列分析之外的另一種選擇。Edgington（1992）提供使用隨機化考驗可能的無母數統計方法的相關討論。

　　隨機化考驗也有其限制。Kazdin（1984）指出當影響是自此階段進入下一階段的（連續性）、或不預期標的行為會倒轉或沒有發生倒轉時，且行為表現沒有穩定快速倒轉，此時使用隨機化考驗可能有其限制。

　　統計方法可用來補充目視分析法的不足（Busk & Marascuilo，1992）。這些作者指出，對於一群變數的處理（如t考驗和變異數分析）而言，隨機化考驗可能是更適合的方法，也比時間序列分析更容易了解。無論如何，在收集要分析的資料前，要明確的討論、決定所要使用的統計方法（Busk & Marascuilo，1992）。

（三）統計分析法的限制
(Limitations to Statistical Analysis)

誠如之前所討論，在使用統計方法時，均需要符合其假設。在單一受試者研究中可能會違反這些假設，而造成這些統計方法使用時立論的薄弱。統計上達顯著的結果可能相當有用，但此結果可能會誤導研究者做出其有顯著性教育效果的推測，但實際上卻沒有（亦即，個人的功能已達顯著的改善，但不見得有教育上的效果）。統計分析一般需要具有電腦統計套裝軟體的知識。最後，統計分析可能最常用來做為目視分析法的補充。

除了目視及統計分析外，質的分析法亦被研究者證實是有用的。簡單的來說，質的分析法更關心於敘述人們的參與及研究的故事，勝於對量的資料的分析。基於做為研究分析和結果報告之補充說明的理由，質的分析愈來愈普遍。

三、質的分析法 (Qualitative Analysis)

許多教育和臨床上的研究限於使用量的研究。使用量的方法，其收集的資料是數字性的，且本質上是〝客觀的〞。也就是說，資料的本身（如測驗分數）需要的解釋很少。單一受試者的資料是典型的量化資料，但通常需要做進一步的解釋。誠如之前所討論的，一般使用目視分析法，且可以用統計分析法做補充。

質的研究可定義爲：是一種研究，其主要的目的是聚焦在個別變項間，以決定其關係、效果及因果。Denzin和Lincoln（1994）指出，質的研究者研究自然情境中的事件，對人們參與的現象，企圖找出其意義或做解釋。質的分析可能包含個案研究；個人的經驗；內省法；生命故事；訪談；和觀察的、歷史的、互動的；或者是訪視原文（Denzin & Lincoln，1994）。在質的研究中，研究者個人和其它參與者（可能包含個別受試者）的經驗和反應是非常重要的。如此，相較我們之前討論的分析類型，質的分析無可避免的開啓一扇判斷之門，且更主觀。無論如何，所做的判斷即是研究的結果。

我們將討論何時使用質的研究方法，有那些類型的方法可以使用，以及這些方法的限制。雖然質的方法逐漸普遍，也值得納入單一受試者的研究。但我們並不建議放棄本書主要提出的設計及方法。使用質的方法可以擴展對資料和研究結果之社會效度的解釋，及敘述個體參與的故事。單一受試者研究本質上是相當個人化及個別化的，因此會導致走向質的研究方法。

（一）什麼時候使用質的分析法

（When to Use Qualitative Analysis）

質的方法幾乎可使用在任何單一受試者研究。事實上，某些質性的觀點已建立在單一受試方法論內。例如，對問題、情境及個體參與的描述，人們對使用此方法在倫理上的知覺及結果的效度等，都可在文獻中找到。在許多期刊的研

究報告中，以敘述研究的故事做為目視或統計分析結果的補充。Ferguson、Ferguson和Taylor（1992）認為研究目標與發現好故事是相容並存的。這些作者同時表示，無論如何，客觀的論點（單一受試者研究的本質）限制了質的研究的可能的推論。然而，敘述故事和個人的解釋是非常重要的，也就是說，在不同的標準下沒有客觀舉世皆宜的觀點或典範，可用來宣稱其發現的事實和知識（Ferguson等人，1992）。我們不希望爭論這種觀點的價值，也不否認其在研究上的重要性。無論如何，我們強調的是質的研究和單一受試者研究在本質上的互補。本文將提到這些方法，供希望完全或主要使用質的方法的讀者參考。

　　McWilliam（1991）指出，合併質和量的研究方法需遵循以下原則。首先，如果研究者花太少的時間觀察，將會違反質的研究的原則。一個花二至三週時間的研究，不能收集到足夠的資訊以解釋質的資料。其次，研究者必須持續做田野記錄。個人對事件的解釋在質的研究中是非常重要的，就質的研究而言，在第三章中討論的數字性資料收集的方法是不足夠的。第三，研究者必須參與其中，並且熟悉受試者、資料收集和使用介入處理者、及會受結果影響者（如：家人）。如果研究者是疏離的，此時他（她）將無法取得其它人對事件相關解釋的必要資訊。第四，研究者必須準備收集隨著研究進展而變得重要的變項之資料。第五，研究者必需解釋所看到及聽到的。最後，必須承認研究中的有關偏見（McWilliam，1991）。為了量和質的研究能成功的合併，必須同時顧及量的研究原則，首先，觀察者間信度的資料必須可由正式的量的資料中取得。再者，變項的操作性定義不能是主觀的。第三，要包含足夠的數量（或是在同一設計內要

有足夠的階段數）。第四，不能爲了提供質的資料收集，而使階段變的太長。第五，必須指出混淆變項，並加以控制。最後，正式觀察值的討論不應脫離正軌、或離開客觀的資料太遠（McWilliam，1991）。

（二）如何使用質的分析法

（How to Use Qualitative Analysis）

Denzin和Lincoln（1994）概述了質的研究中幾種有用的技術。我們修改他們的概述，相信能對單一受試者研究做更相關的補充。Denzin和Lincoln將質的研究過程分爲五個階段，我們將他們建議的階段摘要如下（並做些修正）。

階段一 —— 研究者置身於其歷史脈絡，並檢視其本身多元文化的本質。必須包括研究者本身和他人對研究的政策及倫理的認知概念。

階段二 —— 發掘和適當的使用典範的理論及其觀點。典範包含實證主義者或後實證主義者（其可能提供單一受試者科學的本質）、建構主義者、女性主義者、倫理學者、馬克斯主義者或文化研究者。這些典範和理論並不是完全相斥。

階段三 —— 確定研究策略。研究策略包括研究設計、個案研究法、人種誌、參與觀察、現象學、傳記研究法、歷史研究法、應用研究法和臨床研究法。特別是我們已經討論過通常在單一受試者研究中使用的研究策略。

階段四 —— 選擇研究方法和確定分析的方法。其包括訪談；觀察；解釋人工製品、文件和記錄；目視法；個人經

驗法；資料管理；電腦輔助分析和文本分析。

　　階段五 —— 研究者練習解釋和陳述的藝術。研究者確定能對研究進行充份判斷的標準、學習解釋的藝術和策略、寫出解釋、適當使用分析策略、評估慣例和應用研究結果。

　　Denzin和Lincoln（1994）對階段五有精闢的說明。他們指出，研究者所創造的田野記載，含觀察、筆記和文件都要被收集。其次，研究者將田野記載移到研究的脈絡中。筆記和解釋必須基於田野記錄。再者，研究的脈絡是一持續解釋的工作，包含最初企圖去了解之學習的意義為何。最後，研究者必需發展出能被別人公開閱讀的研究之脈絡。最終呈現的故事可能是自白的、現實的、印象的、批判的、正式的、文學的或分析的（Denzin & Lincoln，1994）。

　　Hepburn、Gerke和Stile（1993）視單一受試者研究的本質是實證主義，並綜合以下不同典範的解釋觀點，認為：

1. 雖然最主要關注的是個體參與的事實，但仍有其它多元的事實（存在論）。
2. 認識論的。在研究中參與的個體、研究者及其它的涉入者間的互動是糾纏的，須要了解其對事實的不同看法。
3. 必須由理論來進行類化而不是由統計的觀點。
4. 在多元的事實下，因、果應視為同時發生、形成的，而不是去證實其有函數關係。
5. 價值論的。為了控制偏見，所有參與的價值需透過上述的過程來描述。

以下提供一個如何混合使用質與量方法的例子。

　　David是一位注意力缺陷合併過動障礙的四年級學生。David有三位老師，其母親對David的教育相當的投入。老師們注意到，雖然已接受藥物處理一個月，David仍有注意力困難及後來不當談話和走動等干擾班級的問題。學校心理學家──Katzen博士──被諮詢，以協助提供改善此種狀況的計畫。Katzen博士談訪了（在不同的情境）三位老師，David的醫師、母親和David本人。她發現David真的有問題，每個人對於David為什麼要做這樣的行為及做什麼樣的行為都有不同的看法（這些不同的看法乃基於與David的關係、David互動的多少、年資與訓練和老師們不同的專業領域）。在觀察David及諮詢每個負責人後，定義出干擾教室的操作性定義。所有人都同意使用區別增強的計畫，一種可以應用在跨情境的多基準線設計。取得每個情境的穩定基準線期後，Katzen博士率先執行增強介入處理，且進行觀察和做筆記，並持續的與負責人和David本人訪談，同時也收集其學業成績。David的反應在第一、第二和第三教室（譯：情境）都達到標準的行為水準。在第一和第三教室中，行為的改變花了相同的時間，在第二教室行為改變的發生是迅速的。整體而言，介入處理是有效果，且達函數關係（由目視分析得知）。Katzen博士加上對David、其母親，及老師的觀察和訪談做為研究的推論。經過長期和仔細分析她的觀察、田野記錄和訪談後，Katzen博士對此研究達成若干推論，並且希望包括其他參與者的觀點及推論。當她報告研究結果時，Katzen博士發現David的母親認為David的行為能改變，

　　浪重要的是教師學會以結構性及效率的方式和David溝通對他的期望。第二班級的老師同意這樣的看法，她察覺在研究之前，她的同事用錯誤的方法教David，而David實際上問題行為的加劇，是使用了不適當的增強和處罰。David的醫生對研究的結果感到高興，並指出每個人對藥物治療的反應和調適都不同，藥物治療效果對於David行為的改變若沒有大部分也有部分的影響。她以前見過浪多類似的個案。David浪高興自己不用常惹麻煩，但他察覺到真正的不同是，老師比以注對他更好。最後，Katzen博士坦承她有偏見，認為David以前受到不當的增強和處罰（Katzen博士受的是應用行為分析的訓練），所以計畫的目的是能改變老師和David的行為。她注意到David的母親、第二班級的老師和David —— 在某種程度上 —— 透過其本身的察覺和評論同意這樣的推論。她考量藥物治療實際上對David影響的程度。最後，她推論出個體間確實存在有相互塑造。老師們對David提供增強，而後David的表現令老師們覺得愉快，然而這樣的改變使母親覺得比較快樂，和老師們的互動也更加的滿意，對David持續產生更正向、積極的情感。雖然Katzen博士覺得自己的角色大部分是促進和提供證據資料勝於實際執行的行為改變者，但是所有的參與者都認為Katzen博士的協助是非常有價值的。最後，Katzen博士在研究的推論中指出，David的行為雖然發生改變，但其學業成績卻沒有明顯的進步。這影響到她對使用介入處理類化的建議及對行為改變結果的推論。她也決定需要延長一段時間來追蹤David的個案，以決定學業的進步是否發生，及參與者行為及知覺的改變是否持續。

在我們的例子中，我們提到客觀決定的顯著效果，並非總能述說眞實發生的故事。實際上，參與者可能同意整體而言所欲的目標已達成，但不見得同意爲什麼會發生或確實發生了什麼事。雖然我們舉的例子並未說明質的研究廣泛的內容，但可說明，藉由質的方法，研究者能更充份的去發展和解釋這些資料及事件（或事實）。

（三）質的方法的限制

(Limitations of Qualitative Methods)

Hepburn等人（1993）認爲質的研究最主要的限制在於所需的時間。特別是，爲了收集質的資料以了解一些現象，如同時的相互塑造，可能要將基準線期和處理期延長。這樣做需要去和單一受試者研究的必要條件做妥協，而不是去和質的研究做妥協（McWilliam，1991）。Reid和Bunson（1993）指出，特殊教育者有限的研究方法訓練在執行勞力密集的研究方法時，其所需的時間和資源是不夠的，因此對此領域態度的傾向是保守主義（包括期刊的編輯者，其表現出對實證方法的偏好），對經費的提供者而言，量的研究之經費更合算。再者，McWilliam（1991）提出，少量的知識在研究中是件危險的事。有些人可能會對質的研究的推論感到困惑，而有些人可能未受訓於或未察覺到所有可用的研究法。最後，質和量的研究術語可能也不相似且易於混淆（McWilliam，1991）。

在本章，我們討論在單一受試者研究中，目視分析法、統計分析法和質的分析法的使用。最受歡迎用以分析量的資

料的方法仍是目視分析法。統計分析法可用來做爲目視分析的補充。無論如何，要小心的使用統計分析法，如果在使用之前要決定是否符合其假設，如果符合其假設，亦要說明其使用的理由。最後，讀者應更被鼓勵由提供研究方法的資源處，去學習質的研究。假以時日，他們將會增加使用質的方法做爲量的方法的補充。

結語

我們誠摯的希望本書能符合並且能持續的符合各位的需要。雖然很困難且不太可能對單一受試者每種有關的設計和方法進行討論，但我們期待本書至少能打開諸位的眼睛。我們嘗試提供諸位了解在閱讀和進行單一受試者研究時，其所需的原則及可能範圍。許多特殊教育者和相關人員，雖然很適合應用此類研究，但卻未考慮在教學、臨床或研究上使用這些設計。我們希望諸位能思考並使用這些設計，以改善特殊需求個體和其家庭的生活。

摘要檢核表
(Summary Checklist)

資料的目視分析 (Visual analysis of data) ——

研究者以圖表的觀點解釋標的行為是否發生顯著的改
變；目視分析涉及個人的主觀性。

何時使用目視分析 (When to use visual analysis) ——

當以圖表顯示所收集之具有連續性的數字資料，且研究
者希望做形成性和總結性的分析時。

目視分析的應用 (Applying visual analysis) ——

一般而言，研究者檢視階段或情境內，及跨階段或跨情
境中資料的改變。

階段內的資料點數
(Number of data points within a phase) ——

必須要有足夠數目的資料點數來決定所呈現的資料路徑
能真實的呈現個體的行為表現。

行為表現的變化 (Variability in performance) ——

個體的資料路徑之變化而影響研究者分析的真實性之程
度，每個階段內的資料變化愈大，愈難做目視分析。

行為表現水準（Level of behavior）——

為標的行為的行為表現，包含沿著Y軸的資料點；當階段內的行為是變化的、行為表現水準是改變的時候，需要以平均數、中數或全距線的協助來進行目視分析。

趨勢（Trend）——

為資料路徑的方向（通常為向上、向下、平坦或變動的、穩定的）；變動時需要使用中裂線法來決定趨勢的方向。

應用目視分析於跨階段（Applying visual analysis across phase）——

研究者特別有興趣去解釋研究中由基準線期到介入處理期的行為水準和趨勢的改變。

行為水準的立即改變（Immediate changes in level）——

假如這種改變是所欲的方向，立即的改變可以顯示（並非證實）自變項與依變項的函數關係。

比較跨階段的行為表現（Comparing performance across phase）——

解釋跨階段行為表現的範圍；介入處理期和基準線期內的資料愈少有重疊（且介入處理期的資料是所欲的方向），愈能顯示介入處理的函數關係。

趨勢改變（Trend changes）——

　　由基準線期至介入處理期其資料路徑方向的改變（例如，在基準線期是平坦的，到了介入處理期變為增加的），愈大的改變顯示出其有函數關係。

目視分析的限制（Limitations to visual analysis）——

　　可能比統計分析結果缺乏信度；兩位分析者可能無法由目視分析法得到相同的結論（主觀性）。

統計分析法（Statistical analysis）——

　　最主要被用來當做目視分析法的補充。

什麼時候使用統計分析法

（When to use statistical analysis）——

　　當基準線期的資料是變動的但趨勢是明顯的、跨階段的趨勢改變很難由目視分析法決定、介入處理效果可能存在而目視分析法難很清楚的證實時使用統計分析法；因為應用研究一般包含很多不相干的變項可能會影響到行為表現的變動。

如何使用統計分析法

（How to use statistical analysis）——

　　可以使用描述和推論統計；推論統計分為母數（例如，t考驗、變異數分析）和無母數（例如，隨機化考驗）統計法；使用母數統計需符合其較嚴謹的假設。

自我相關（Autocorrelation）——

因為在單一受試者研究中收集的資料，無法確保其資料間具有獨立性（呈現系列相依）；及因為每個觀察都是由同一評估者為之，可能會影響資料間的獨立性，而會發生自我相關。自我相關違反了使用統計分析法的假設。

第一類型錯誤（Type I error）——

當研究者推論有顯著介入處理效果時，而實際上是沒有的。

t 考驗和變異數分析（t test and ANOVAs）——

用來考驗行為表現間平均數差異（一般比較跨階段間的平均數）的母數統計法。

時間序列分析（Time series analysis）——

一種可能比母數統計更合適的無母數統計，但需要較多數目的觀察值且對新手而言稍微複雜。

第二類型錯誤（Type II error）——

當研究者推論沒有顯著介入處理效果時，而實際上是有的。

隨機化考驗（Randomization test）——

一種被一些專家推薦使用，比較母數統計而言，其假設較為不嚴謹的無母數統計法。

統計分析法的限制

(Limitations to statistical analysis) ─

使用時可能會違反其假設;結果可能會產生誤導(第一、第二類型錯誤);一般需具有相關的知識及使用電腦統計軟體。

質的分析法 (Qualitative analysis) ─

一種解釋的方法,研究者通常透過變項(經常不使用量的變項)的解釋企圖敘述研究的故事。

什麼時候使用質的分析

(When to use qualitative analysis) ─

較少研究使用,通常用於研究者要確定一些變項/方法的演繹過程,且研究過程是彈性的;用來做為目視分析法和統計分析法(之一或兩者)的補充。

如何使用質的分析

(How to use qualitative analysis) ─

一般由研究者編輯、分析和呈現所使用的田野筆記和觀察;要求將研究方法和典範合併使用。

質的分析法的限制

(Limitations of qualitative analysis) ─

需要較多的時間;需要延長階段的時間,但在單一受試研究是不適當的;所需要的資源可能不夠;期刊編輯者和經費提供者對量的方法之狂熱勝過於對質的方法;未來讀者將學習這些方法。

參考文獻 (Reference)

Alberto, P. A., &: Troutman, A. C. (1999). *Applied behavior analysis for teachers* (5th ed.). Englewood Cliffs, NJ: Merrill.

Busk, P. L., & Marascuilo, L. A. (1992). *Statistical analysis in single-case research: Issues, procedures, and recommendations, with applications to multiple behaviors. In T.R. Kratchowill & J.R. Levin (Eds.), Single-case research design and analysis: New directions for psychology and education* (pp. 159-185). Hillsdale, NJ: Erlbaum.

Cooper, J. 0., Heron, T. E., & Heward, W. L. (1987). *Applied behavior analysis.* Columbus, OH: Merrill.

Denzin, N. K., & Lincoln, Y. S. (1994). *Introduction: Entering the field of qualitative research. In Handbook of qualitative research* (pp. 1-17). Thousand Oaks, CA: Sage.

DeProspero, A., &: Cohen, S. (1979). *Inconsistent visual analysis of intrasubject data. Journal of Applied Behavior Analysis, 12,* 273-279.

Edgington, E. S. (1992). *Nonparametric tests for single-case experiments. In T. R. Kratchowill & J. R. Levin (Eds.), Single-case research design and analysis: New directions for psychology and education* (pp. 133-157). Hilisdale, NJ: Erlbaum.

Ferguson, P. M., Ferguson, D. L., & Taylor, S. J. (1992). *Introduction: Interpretivism and disability studies. In Interpreting disability: A qualitative reader.* New York: Teachers College Press.

Hepburn, E., Gerke, R., & Stile, S. W. (1993). *Interpretive single-*

subject design: A research tool for practitioner-guided applied inquiry in rural settings. ERIC Document 358981.

Kamil, M. L. (1995). Statistical analysis procedures for single-subject designs. In S. B. Neuman & S. McCormick (Eds.), Single-subject experimental research: Applications for literacy (pp. 84-103). Newark, DE: International Reading Association.

Kazdin, A. E. (1978). Statistical analyses for single-case experimental designs. In M. Hersen & D. H. Barlow (Eds.), Single case experimental designs: Strategies for studying behavior change (pp. 265-316). New York: Pergamon Press.

Kazdin, A. E. (1984). Statistical analyses for single-case experimental designs . In D. H. Barlow & M. Hersen (Eds.), Single case experimental designs: Strategies for studying behavior change (2nd ed, pp. 285-324). New York: Pergamon Press.

Kratchowill, T. R., & Levin, J. R. (Eds.). (1992). Single-case research design analysis: New directions for psychology and education. Hilisdale, NJ: Erlbaum.

McCleary, R., & Welsh, W. N. (1992). Philosophical and statistical foundations of time-series experiments. In T. R. Kratchowill & J. R. Levin (Eds.), Single-case research design and analysis: New directions for psychology and education (pp. 41-91). Hillsdale, NJ: Erlbaum.

McWilliam, R. A. (1991). Mixed method research in special education. ERIC Document 357554.

Ottenbacher, K. J. (1990). When is a picture worth a thousand p values? A comparison of visual and quantitative methods to analyze single subject data. Journal of Special Education, 23, 436-449.

Reid, D. K., & Bunson, T. D. (1993). Pluralizing research options in special education: A roundtable discussion. ERIC Document 364008.

Richards, S. B., Taylor, R. L., & Ramasamy, R. (1997). Effects of subject and rater characteristics on the accuracy of visual analysis of single subject data. Psychology in the Schools, 34, 355-362.

Tawney, J. W., & Cast, D. L. (1984). Single subject research in special education. Columbus, OH: Merrill.

Single Subject Research

A

Single Subject Research

Single Subject Research

Single Subject Research

Single Subject Research

Single Subject Research

O

Observer drift 觀察者偏移 112-113, 125

Operant behavior (voluntary behavior) 操作性行爲(自發行爲) 5

Operant conditioning, principles of 操作制約的原則 5

Overcorrection 過度矯正 50-51, 56-57

  Defined 定義 50

  positive practice 積極練習 50

  restitutional 回復的 50

  simple restitution 簡單回復 51

P

P. L. 94-142 (Education for all Handicapped Children Act), 94-142
    公法（全體殘障兒童教育法案） 8

"Package interventions", 套裝介入 13

Partial interval recordings of behavior, 行爲的部份時距記錄 76-77, 90

Pearson product moment correlation, Pearson 皮爾遜積差相關 345

Percent correct, method of recording behavior, 正確百分比，記錄
    行爲的方法 66-68, 88

Permanent products, method of recording behavior, 永久成果，記錄
    行爲的方法 65-66, 85, 88

Phase change lines, 階段的改變線 14, 18

Positive practice and independent variable, 積極練習 18

Positive punishment, 正向懲罰

Positive reinforcement, 正增強

Prediction, 預測

  in alternating treatment designs, 在替代處理設計中 240

  in changing conditions designs, 在變更情境設計中 287

Single Subject Research

國家圖書館出版品預行編目資料

單一受試者研究：在教育與臨床情境中的應用／
Stephen B. Richards等原著；王文科總校閱；吳勝儒等譯.
－－初版－－嘉義市：濤石文化，2003【民92】
面 ； 公分
含索引
譯自：single Subject Research：Applications in
Educational and Clinical Settings
ISBN 957-28367-2-2 （平裝）
1.心理學－研究方法 2.教育－研究方法
170.12 92010401

ISBN 981-243-804-1